ここだけは押さえたい

人間関係学

編著　徳田克己
水野智美

文化書房博文社

まえがき

これまでに刊行されている人間関係に関する図書は、社会心理学における対人関係やコミュニケーション関係の知見が紹介されているものが主であり、ヒューマンサービスをおこなっている職業に就いている人やそれらの専門職種の養成のテキストとしては一般的すぎていて、物足りませんでした。そこで、2003年に主に看護職や福祉職を目指している学生のために『ヒューマンサービスに関わる人のための人間関係学』を刊行しました。2010年の改訂では、時代に合わなくなった表記を修正し、また最新の学説を紹介し、さらにより新しい統計資料の掲載を心がけました。そして今回の改訂では、書名を『ここだけは押さえたい人間関係学』と改め、全体の内容と表記を見直しました。特に、発達障害のある人との人間関係の章を強化しました。

本書は、ヒューマンサービスを内容とする専門職の養成段階や現職者の研修等で使用できることをねらいとして、心理学的な知見だけではなく、サービス対象（患者、認知症高齢者、子ども、障害者など）とのよい人間関係を形成するために、また職場（学校、施設、病院）における人間関係を円滑化するために、管理者として、あるいは個人として、どのように対処、行動すればよいのかについて、その経験を豊富に有する執筆者によって「具体的、経験的に」かつ「客観的、科学的に」、しかも「教育的視点から」読者を導くように構成しています。

理論的な部分では、社会心理学、臨床心理学、発達心理学、教育心理学、精神医学的な知見がわかりやすく、具体的に書かれています。また対象者との人間関係の部分では、その対象者の心理的、生理的、社会的特性を述べ、理解しあえる具体的方法、人間関係を形成する上で配慮すべき点、人間関係の具体例などが書かれています。さらに職場での人間関係の部分では、その職場の実態、どんな人が働いて（あるいは関わって）いるのか、その人間関係の様子はどうか、その具体例、適正な人間関係を形成するための方法、人間関係を形成する上で配慮すべき点などが書かれています。

ヒューマンサービスに関わっている人が目の前の対象者に質の高いサービスを提供するためには、その人の属性（病気、障害、社会的な立場、家族関係など）を理解する必要があります。本書では具体的にその内容を示しています。それはまさに「科学的根拠に基づいたハウツー本」と言えるでしょう。その意味で本書が多くの関係者の役に立つことを確信しています。

最後になりましたが、本書の出版に関してご尽力いただいた文化書房博文社の鈴木康一社長と故天野義夫編集長に心よりお礼を申し上げます。

平成30年３月

編著者代表　徳田克己

目　次

第１章　より良い人間関係を作る

私たちの社会は、さまざまな価値観や信念、異なった好みをもった人間とその人間同士の複雑な関係から成り立っている。この人間同士の関係は、私たちの毎日を楽しくもする一方で、とても悲しいもの、腹の立つものにすることもある。人間関係は面倒くさいし、人とはあまりかかわりたくないという人も、学校や仕事場などの避けては通れない人間関係については、できればうまくやっていきたいと考えているのではないだろうか。

また、最近では、SNS（ソーシャル・ネットワーキング・サービス）やTwitter上でのやりとりなど、関係はより複雑化し、また、かかわる人間の数も昔とは比較できないほど多くなっている。しかし、どのような場であれ、「より良い人間関係をどのように作るのか」は重要な課題のひとつである。

そのためには、自分を取り巻くさまざまな人間関係をいろいろな角度から見つめ直す作業がとても重要な意味を持つ。この点については、第２章以降を読むことで、身近にある家族関係や友人関係の問題、子どもや高齢者、障害者とのかかわりにおける課題、そして医療や教育などの対人的な業務を行う職場における人間関係の問題まで、実に広い範囲の人間関係について、改めて見つめ直すことができるであろう。

そこで、第１章では、各章に先立ち、よりよい人間関係を作るときに役立つと思われるいくつかの基本的な知識や考え方についてみていきたい。

第１節　コミュニケーションについて考える

1．コミュニケーションに必要なルールとスキル

最近、人間関係について悩んでいる人が多いことを反映してか、親子関係や

恋人関係、会社での人間関係について「こうすれば、きっとうまくいく」といったHow to本がたくさん出版されている。そこには、「親と子どもは（夫と妻は、あるいは上司と部下は）互いを信頼すべきである」といった**ルール**が実にたくさん書かれている。しかし、問題はどうしたらそうできるかにある。もちろん、そうした本には、いつ、どのように、どんな声かけをしたら良いかについて具体的な例をあげて書かれているものも多い。本を読んで、なるほどと思った人も多いに違いない。

では、実際に行動にうつすとしたらどうだろうか。「こうすればきっとあなたも泳げる」という本を買って、写真入りの解説をみて、人が泳ぐときの手足の動かし方について理解したとして、実際に水に入ってすぐに泳げる人はいないだろう。たいていは、頭ではわかっていても、身体は浮かないし、前にも進まないのである。重要なことは、水に入って泳いでみることである。つまり、ルールは覚えれば良いが、**スキル**（技術）は実際に使ってみなければ、本当に使えるかどうかわからないのである。

心理学者でカウンセラーを教育する立場にあるネルソン＝ジョーンズは、思いやりのある人間関係の大切さを説き、そのスキルを獲得するための具体的な訓練の方法を提案している。提案にあたって、スキルを学んでも本当の思いやりは育たないという意見に対して、思いやりがあってもそれをうまく表せない（スキルを持たない、あるいは、使えない）ことにも大きな問題があることを指摘している。

確かに、私たちは人間関係のルールについても、スキルについても体系的に学ぶ機会がほとんどない。そのため、非現実的なルールを信じていたり、適切でないスキルを繰り返し使っていたりしても、そのことに気づかず、ただうまくいかない人間関係に悩んでいるのではないだろうか。例えば、対人関係において、すべての人から好かれなくてはならないというルールや友人同士の間に争いごとはあってはならないというルールを守ろうとしたらどうだろう。こうした場合、これらのルールが誰であっても守れそうにない非現実的なルールであるということに気づき、そのことを認めない限り、ルールを守ることができない自分に苦しむことになるだろう。また、約束に遅刻してきた相手を本当に心から心配していたのに、その気持ちを伝えるのではなく、顔を見るなり「なぜ、遅れたんだ」とどなってしまう人は、自分の気持ちを相手に伝えるスキルが適切ではないことになる。「あなたが時間に遅れたので、本当に心配していたんだよ。どうして、遅れたの」と聞けたら、どうだろうか。相手も、遅れたことを謝罪しやすいだろうし、遅れた理由によっては、あなたも相手を責めたりはしないだろう。

2．様々なコミュニケーションのかたち

ひとがひとと一緒にいるとき、たとえ言葉を交わさなくとも、私たちはさまざまな情報の交換、つまりコミュニケーションを行っている。コミュニケーションがうまくとれるかどうかは、他者との間に信頼関係を築けるかどうかと深くかかわっており、人間関係における基本的な、そして重要な問題のひとつと言える。

コミュニケーションは、『情報を送ろうとしている人：送り手』と『情報を受け取る人：受け手』、そして送り手から受け手に送られる『情報：メッセージ』の3つから構成されている。また、メッセージは言葉によって伝えられるだけでなく、表情や声の調子、身振りや姿勢などによっても伝えられる。話された言葉の内容だけでなく、それが「どのように言われたか」によって同じ言葉でも異なった印象を受けるのは、この言葉によらない非言語的な部分でもメッセージを受け取っているからである。確かに、人間関係において、誤解は避けがたいことかもしれない。しかし、もし非言語的な部分での情報のやりとりに注意を払わないか、もしくは軽視することによって生じる誤解があるとしたら、それは避けられない誤解ではないだろう。

患者として病院で診察を受ける場面を例にとって具体的にどのようなコミュニケーションがなされるのかを考えてみよう。まず、診察室に入って相手を見た瞬間に、信頼がおけそうだと感じたり、逆に不安を感じたりすることはないだろうか。また、相手の表情を見て、受け入れられていると感じることもあれ

ば、拒否されていると感じることもあるだろう。話し方はどうだろうか。ゆったりと落ち着いた口調だろうか、それとも早口で落ち着かない感じの口調だろうか。そして、話を聞いている時の相手の姿勢はどうだろうか。腕を組んでいたり、いすの背もたれによりかかったままだったら、話を真剣に聞いてもらっていると思えるだろうか。

このような場面で、「誤解のないように明確で適切な“言葉”を使うこと」や「相手の感情に配慮した“言葉”を選ぶこと」などにどれほど注意を払ったとしても、それだけでは十分ではない。言葉そのものが温かくても、もし言葉ではない部分で与えられるメッセージが否定的で冷たいものであれば、言葉は相手に届かないだろうし、心を開いてもらうことも難しいだろう。「大変ですが、一緒にがんばりましょう」という言葉も、そのときの声の調子や表情、態度によっては、誠実さが感じられないこともあるのではないだろうか。

これは、私たちが無意識のうちに、会話の言語的な側面だけでなく、どのように話されているかについても注目しているからである。また、場にふさわしい服装や髪型を整えているかどうかなども相手へのメッセージとなる。

こうした非言語的なコミュニケーションの手段を研究しているアメリカの心理学者のナップは、①表情や視線の動き、姿勢の変化や身振りなどの身体の動きに関するもの、②体格、髪や皮膚の色など身体的な特徴に関するもの、③肩をたたくあるいはふれるなどの接触行動に関するもの、④音声や会話での間のとり方、沈黙などの近言語に関するもの、⑤他者との距離の取り方などの空間の利用に関するもの、⑥装飾品や香水などの人工品に関するもの、⑦部屋の装飾や音楽などの環境要因に関するものの７つに分類している。ここで、日常生活の場面でこれらの非言語的なコミュニケーションがどのように行われているかを考えてみてほしい。例えば、悲しいときに優しく肩に触れられることで言葉以上の励ましをもらったことはないだろうか。また、親しい人とは接近したいが嫌いな人とは離れていたいというのは、心理的な面だけでなく、物理的な距離としても表現されるのではないだろうか。このようにみてくると私たちが他者と上手にコミュニケーションをとるためには、言語的なコミュニケーションと非言語的なコミュニケーションの両面についてよく知っておく必要があることがわかる。

ところで、こうした非言語的なコミュニケーションに関して私たちはいつ学んでいるのだろうか。言語的なコミュニケーションに関しては、一部ではあるが、国語という教科を通して学習する機会が与えられているのに対して、非言語的なコミュニケーションに関しては、学校で教えてもらったという経験を持つ人は少ないだろう。つまり、私たちは、非言語的なコミュニケーションのスキルを日常生活の中で、経験を通して自然に学んでいるのである。

ここでは、非言語的なコミュニケーションのうち、特に感情をよく伝えるといわれている表情と音声をとりあげて考えてみよう。

2．表情と音声を使ったコミュニケーション

「目は口ほどにものを言う」ということわざがある。実際に、『幸福』『悲しみ』『怒り』『嫌悪』『恐怖』『驚き』の6つの基本的な感情については、表情でも音声でもかなりの確率で言葉を使わなくても相手に伝わることが明らかとなっている。しかし、コミュニケーションに障害があったり、情緒的な障害がある人の場合、例えば、嬉しい表情を怒っていると間違って読みとってしまうなどの読み間違いが起こることが知られている。

また、一般的に複数の感情が混じっていたり、表出が曖昧であった場合には判断が難しい。例えば、相手が『怒り』や『嫌悪』といった否定的な感情を表

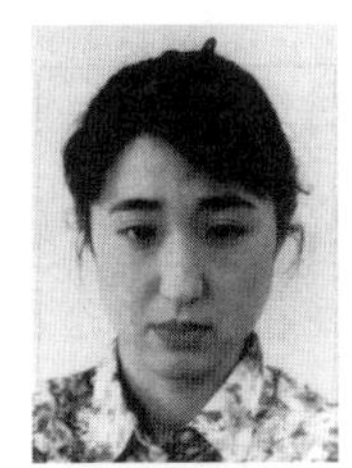

左から『嬉しい』『悲しい』『怒っている』『嫌だなぁ』

図1—1　どんな気持ちかな？

出していなかったにもかかわらず、「自分に対して不快な感情を抱いている」と判断して、過度に反発したり、理由がわからないのに謝るといった不適切な対応をとってしまったことはないだろうか。逆に、顔をしかめてみせるなど『嫌悪』の感情を表出しているにもかかわらず、相手がそのことに気づかないために自分が不愉快な思いをがまんしなくてはならなかったという経験をした人も多いだろう。ここで興味深いのは、こうした曖昧な表情などを判断する際、同じ表情を見ていた複数の人の間で、必ずしも判断が一致しないという点である。

3．感情の理解と表現

日常生活において、相手の気持ちを敏感に察知できる人、あるいははっきり口に出して言わなければ伝わらない人といった評価を聞くことがある。また、自分自身についても、他人の気持ちに敏感、あるいは鈍感といった判断をすることがあるだろう。このような個人差にはそれぞれの人がもつ特性が影響している。例えば、同じ曖昧な表情を見ても、他人から否定的な評価を受けることをとても気にする（不安が高い）人は『嫌悪』と判断する傾向が強く、そうしたことをあまり気にしない（不安の低い）人は『悲しみ』と判断する傾向が強いなど、両者の判断には異なった傾向がみられる。つまり、同じ表情でも他人の評価を気にする人ほど、より否定性の強い、不快なメッセージとして受けとる傾向にあるといえる。

また、「私は他者の感情や気持ちをよくわかる」と自分を評価している人ほど、『嫌悪』の感情に関してより敏感であることがわかっている。もっとも、これは相手の『嫌悪』の感情を正確に見分けられるかどうかではなく、曖昧な表情を見たとき、『嫌悪』と判断する確率が高い傾向にあるといっているに過ぎない。一般に、日本人は『嫌悪』の感情を相手にわかるように出すことを控える傾向にある、つまり、思っていても出しにくい感情だからこそ、より敏感に感じ取ろうとするのであろう。

他人の『嫌悪』の感情に敏感であることは、一見、望ましいことのように思われる。しかし、自分がそう思っていないときにまで、過度に反応されたらどうだろうか。例えば、「ねぇ、何か怒ってない？　私、何かしたかしら？」と絶えず聞かれるとしたらどうだろうか。ここで、重要なのはやはり読みとりの正確さである。そして、この読みとりの正確さについては個人差が大きいことがわかっている。

一方、自分の気持ちを相手に伝える場合でも、言葉を使わなくても上手に伝えられる人、思っていることが表情などに表れず、何を考えているのかがわからないといわれる人など様々な人がいる。

こうした違いは個性といってもいいかもしれないが、相手の気持ちを十分にくみ取れないこと、あるいは自分の気持ちを誤って解釈されてしまうことはできれば避けたい。そのために、例えば、自分の表情を鏡で見たり、声を録音して聞いてみることは役に立つ。実際、このようにしてみてはじめて自分のコミュニケーションの特徴に気づくことは意外に多いものである。

4．言葉を使ったコミュニケーション

(1) 会話の中のルール

私たちが日常生活の中で会話をしている場面を思い浮かべてみよう。何を伝えるかということだけでなく、どのように伝えるかにも気を配って会話をしようと心がけた。しかし、うまくいかない。服装にも、表情にも注意したし、気持ちが伝わるように一生懸命に話してみたが…、会話の相手は楽しそうではない。こんなときには、会話のルールを破っていないかについて考えてみる必要がある。例えば、会話は2人以上で行われることから、たいていの場合、『自分だけが一方的に話をしない』というルールを守ることが求められる。この他にも、私たちの会話には『あからさまにものを言わない』とか『会話が横道にそれてはいけない』などのルールがある。こうしたルールは、互いが楽しく会話し、かつ自分の思っていることをより正確に伝え、また相手を理解し、より良い関係を築こうとするときに必要なルールである。

表1―1は、コミュニケーションの研究を行ったリューダーたちが明らかに

表1―1　コミュニケーションのルール

<table>
<tr><td>会話の質</td><td rowspan="6">会話の原則</td><td>質</td><td>例：まちがっていると思っていることを話してはいけない
話す内容は信頼できるものでなければならない</td></tr>
<tr><td>関連性の欠如</td><td>関連性</td><td>例：会話の流れと関連しない発言をしてはいけない</td></tr>
<tr><td>会話の量</td><td>量</td><td>例：明白すぎることを言ってはいけない
短い時間に同じことを繰り返してはいけない</td></tr>
<tr><td>会話の様式・冗長</td><td rowspan="3">様式</td><td>例：会話が横道に逸れてはいけない
中途半端な質問をしてはいけない</td></tr>
<tr><td>会話の様式・一貫性の欠如</td><td>例：短時間のうちに矛盾を起こしてはいけない
次々に話題を飛躍させてはいけない</td></tr>
<tr><td>会話の様式・言語の障害</td><td>例：言葉は明瞭でなければならない
言うことが曖昧で、意味が不正確であってはならない</td></tr>
<tr><td colspan="3">間接性</td><td>例：あからさまにものを言おうとしてはいけない
言いたいことをほのめかしや皮肉などで伝えてはいけない</td></tr>
<tr><td colspan="3">開放性</td><td>例：自分の信念や感情を必要以上に隠してはいけない
求められないのに、自分の信念や感情を必要以上に開示してはいけない</td></tr>
<tr><td colspan="3">共同性</td><td>例：求められなくとも、他者を助けなくてはならない
他者のニーズや興味には必要な気配りをしなくてはならない</td></tr>
<tr><td colspan="3">協調性の欠如</td><td>例：言われたことをやるのを拒んではいけない
当然の要請を拒んではいけない</td></tr>
<tr><td colspan="3">衝突／衝突の回避</td><td>例：できることなら他者との衝突を避けなくてはいけない
他者を自分の考えや態度に無理に従わせようとしてはいけない</td></tr>
</table>

今野和夫・清水貞夫監訳、1994、『知的障害者の言語とコミュニケーション 下巻 p. 217～p. 220より引用』。なお、例については、リューダーたちが研究で用いた複数の項目の中から筆者が選択し、一部表現を変更した。

した会話にみられる11の暗黙のルールである。

もし、あなたが話す相手によって「会話がうまくかみ合っていない」あるいは「会話がぎくしゃくしている」などの違和感を持ったとすれば、表1―1の例を見ながら、日常生活での会話のなかで相手もしくは自分がこれらのルールを破っていないかどうかを考えてみるとよい。

一方、会話の相手が高齢者や障害者あるいは子どもであった場合に、ときにこれらのルールを守ることが難しい場合がある。例えば、会話の相手が認知症であったり、知的な障害がある人の場合に、話の一貫性に欠けていたり、『明白すぎることを言ってはいけない』あるいは『短い時間に同じことを繰り返してはいけない』という“量の原則”のルールが破られることは容易に想像がつく。また、『会話の流れと関連しない発言をしてはいけない』といった“関連性の原則”にみられるルールを守ることが難しい場合も多くなる。

したがって、本来、ルールが適用されるのは、そのルールを守る力がある場合に限られる。ところが、長い間、しかも特に意識することもなくルールに従って行動していると、相手にもルールを守ることを無意識に期待してしまうことが多くなる。その結果、相手にそのルールを守る力がなく、故意に破っているのではないとしても、そのことに気づかなければ、不愉快な気分になったり、話すことが嫌になったり、気持ちの良い人間関係を維持することが難しくなったりするのである。

特に、対人的な業務に関わる仕事を選ぼうとする人はこれらのことを十分に理解し、意識的にルールを守っているかどうかを点検しておく必要がある。そして、なぜルールが破られるのか、また、どのようにすればルールを守れるのかを考える必要がある。同時に、相手の表情や態度の変化に注目し、こちらの発言に対して好意的でないサインが返ってきたときには、自分の発言のどこに問題があったのかを考え、修正をはかることが求められる。修正のためには、相手の非言語的な情報（表情や声の調子の変化など）を正しく読みとれることはもちろんであるが、「自分の発言内容について正しく記憶している」ことや「発言内容について客観的に評価できる（例えば、ルールをやぶっていないか、などについて検討が可能であり、かつその評価が正しい）」ことも重要である。

(2) 会話のルールが破られたときに

より良い人間関係のためには会話のルールを守ることが重要である。もし、あなたが会話のルールを頻繁（ひんぱん）に破れば、学校や職場での人間関係はぎくしゃくしたものとなるだろう。例えば、毎日、一方的に自分のことばかり話し続けたり、同じ話を繰り返す場合には、はじめは辛抱強く聞いていた仲間も次第にいい加減な返事をするようになったり、あなたを避けるようになるかもしれない。また、ウソをついたり、いつも自分の意見ばかりを押し通し、他人を従わせようとしたりすれば、それほど時間をおかずとも会話の輪に加わることができなくなるだろう。その結果として、孤立し、昼休みや休憩時間を一人で過ごすことが多くなれば、毎日の生活は楽しいものではなくなるのではないだろうか。しかし、もしこのルールを破る人が故意ではなく、年齢や障害のために守れないのだとしたら、どうだろうか。あるいは、まだ、こうしたルールを学んでいないとしたらどうであろうか。

例えば、子どもと話をするときに『会話の流れと関連しない発言をしてはいけない（会話の関連性に関するしきたり）』というルールを守ってもらうためには、①相手（子ども）にわかる言葉を使うこと、②できるだけ具体的なイメージをつかみやすい言葉を使うこと、③語の省略を避けること、などに配慮をする必要がある。質問の意図がわからなければ、相手の求める答えを適切に返すことは困難であるし、交わされている会話の内容が理解できなければ、『話し合われている内容と関連のある話をする』ことは困難である。そして、もし、私たちが子どもと話をするとき、こうした配慮なしにルールを守るように求めたら、会話は成立しない。

また、障害があるために『短い時間に同じことを繰り返してはいけない（会話の量に関するしきたり）』という規則が破られる場合についても、①繰り返しであることが話し手に意識されているのか、②聞き手側がそれを「愉快でない」と感じていることが伝わっているか、などを確認しておく必要がある。

そして、同時に「なぜ、繰り返されるのか」を考える必要がある。繰り返しと意識していても、聞き手側がそれを「愉快でない」と感じていることがわかっていても、繰り返さずにいられない話には、話されている言葉とは別のメッセージが込められているのかもしれない。

このように、破られ続けるルールがあるのであれば、個々の場合に応じて「なぜ」を考える必要がある。当然のことながら、その理由は様々である。しかし、理由について考えることではじめて、こうしたルールを守れない人との適切なかかわりが可能になるのである。ルールを破らずにすむために、周囲はどのような配慮ができるか、その具体的な方法を見つけていくことが大切である。

第２節　個人と集団の人間関係

私たちは基本的に「できれば安定した人間関係を作りたい」と願っている。そのためにコミュニケーションが重要であることは疑いがない。しかし、より良い人間関係を築こうとするのであれば、さらに人間関係における心の動きや集団における心の動きについて知ることが必要になる。ひとがひとと一緒にいるとき、たとえ言葉を交わさなくてもそこにコミュニケーションが生まれるように、ひとがひとと一緒にいれば、そこにはお互いの間に微妙なバランス関係や相互作用が生じることになる。また、１対１ならば話せるのに、集団の中に入ってしまうとなかなか自分の意見が言えないというように、個対個の関係なのか、集団の中の個なのかによって、私たちは自分の行動を変えたりする。

このような場合、実は多くの人に共通する行動がある。ここでは、こうした行動についての研究のうち代表的なものをいくつかとりあげて、人間関係における私たちの心の動きを解説する。

１．個人が意見を変えるとき

アメリカの心理学者のニューカムは、ひとがある対象に対してもつ感情や態度は、他のひとがその対象に対してどのような感情や態度を持っているかによって影響を受けると考えた。ニューカムの**平行理論（A-B-X モデル）**は、ある人物（A）とその人物と関係のある他者（B）、そしてその両者が共通に関心を持つ対象（X）の三者間のバランス関係から、人がある場面でなぜそのような行動をとるかをわかりやすく説明している。

例えば、あなた（A）はたばこ（X）が大嫌いだったとする。ところが、つきあい始めたばかりの恋人（B）は、実はヘビースモーカーであることがわかった。こんなときあなたならどうするだろうか？　多分、あなたは、①恋人に嫌われるのは困るので、相手がたばこを吸ってもがまんする、②たばこを吸う恋人には魅力を感じなくなる、③恋人にたばこをやめてもらうように説得する、といった3つ行動のうちのどれかをとるのではないだろうか（図1—2）。

図1—2にニューカムの平行理論で使われる組み合わせを示したが、結局、三者のそれぞれの関係をかけ算してプラスになる関係に落ち着けば、バランスの良い状態、マイナスになればバランスの悪い状態ということになる。先ほどの例で私たちが①～③のいずれかの方法をとろうとするのは、バランスの取れた安定した状態を好ましいと思っているからである。

では、実際に①～③のどのパタンをとるだろうか。ここで注目してもらいたいのは、実は、プラスやマイナスの感情や態度にはそれぞれ強度があるということである。例えば、先に挙げた例のような場合では、恋人をどのくらい好きか、また、たばこがどのくらい嫌いか、そして、恋人がたばこをどのくらい好きなのかといった度合いを考慮して、私たちは①～③のどのパタンを選択するかを決めているのである。

もし、あなたが、③の「恋人にたばこをやめてもらいたい」を選択したとして、説得するにはどうしたらよいだろうか。どうしてもやめてもらいたいと思

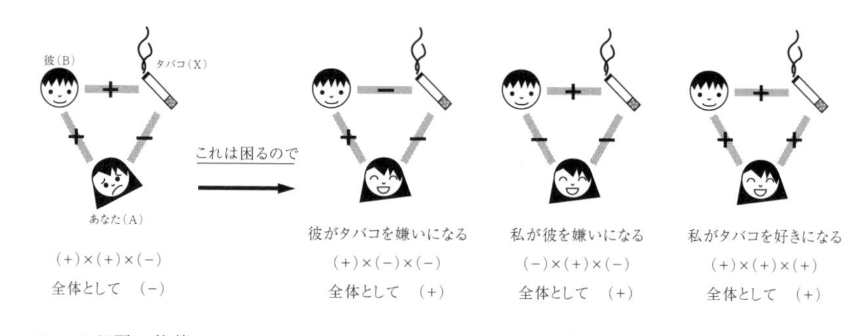

図1—2　ニューカムの平行理論

ったあなたは、たばこを吸い続けたときの肺の写真やガンとの関連など、嫌悪感や危機感をかきたてるような情報を多く並べるかもしれない。しかし、嫌悪感や危機感を強く刺激するような情報が与えられるとかえって防衛的になり、そうした情報を無視したり過小評価するなど、むしろ逆効果になる場合があることが知られている。

なにより、今まで好きだった恋人を嫌いになったり、嫌いだったたばこを好きになることはそんなに簡単ではないだろう。

2．集団が個人を変えるとき／個人が集団を変えるとき

(1) 人が集まるということ：集団

たいていの場合、私たちは恋人同士や友達同士といった個々の人間関係がうまくいくことを願うのと同じくらいに、クラスや職場などの自分の所属する集団に安心してとけ込めること、その中で心地よい人間関係が作れることを願っている。集団はその機能や作られた過程などによって、例えば**フォーマル・グループ**（あらかじめ組織化され、かつ組織の目標がはっきりとしているグループ：学校や会社など）と**インフォーマル・グループ**（自然発生的に生まれ、メンバー相互の心理的関係で成り立つグループ：クラスの仲良しグループなど）のように異なった特質を持つ集団に分けることができる。

また、学校というフォーマルなグループの中に、仲良しグループといったインフォーマルなグループができることもあれば、はじめはインフォーマルなグループであったのが、次第に目標が明確になり、集団構造が固まり、フォーマルなグループになる、という場合もある。いずれにせよ、私たちはこうしたフォーマル・グループ、あるいはインフォーマル・グループに一人でいくつも所属しており、その中でそれぞれに異なった人間関係を持っている。集団には、家族、学校、職場、サークル、SNS上での繋がりなど様々あるが、あなたはいくつに属しているのだろうか。

では、こうした集団の中で私たちはどのように振る舞うのか、また、それはどのような理由によるのかについてみていこう。

(2) 集団のルール

私たちが既に作られている集団に新しく参加しようとするときのことを考えてみよう。例えば、新入社員として職場に向かうとき、あなたは、まずその集団がどのようなメンバーで構成されているのかを知りたいと思うだろう。そして、それと同時にその集団がどのようなルール、つまり規律や**規範**を持っているかを知ろうとするのではないだろうか。ここでいう規範とは、集団において個人が守るべき規則、習慣、態度、価値などであり、**集団規範**ともよばれる。この規範は、場合によっては、校則や社則のように明文化され、集団への参加に伴いあらかじめ提示されるものもあるが、文章などの明確な形にはなっておらず、その集団で過ごすにつれて徐々にわかってくるものもある。

例えば、「新入社員が意見を述べるのは先輩社員の後」というようなルールがあったとする。これは通常、**暗黙の了解**であって会社の就業規則などに書かれているものではない。また、どの会社にも共通する規範というわけでもない。しかし、もしこの規範を破って新入社員が先に意見を述べたりすると、他の社員からは否定的なメッセージが言語・非言語を問わず送られてくることになる。暗黙の了解事項については、このようなメッセージを受け取りながら振る舞い方を身につけていくことになるのである。

一方、インフォーマル・グループでは、最初から何か決まった規律や規範があるわけではない。しかし、時間が経つにつれて、例えば「昼食を必ず一緒に食べる」といった規則が生まれ、集団の規範となっていく。そうなると、一緒に昼食を食べられない事情ができたときは、黙って抜けるのではなく、その事情を説明して他の仲間にわかってもらおうとするようになる。人がこのような行動をとるのは、個人に対して集団規範を守るように求める力、つまり仲間から大きく隔たった意見や行動をしないように求める力が働くからである。昼食を一緒に食べられない事情を説明するという行動は、規範を守ることができないことに対して、正当な理由があることを仲間にわかってもらいたいという思いからおこる行動なのである。これは、規範を破ることで、あるいは他の仲間とは異なった行動をとることで、仲間から非難されたり、集団から排除されるといった事態になることを恐れるからである。

(3) 集団の圧力～同調するということ～

集団にはひとを集団に従わせ、集団から逸脱しないようにする心理的な圧力（**集団圧力**）が存在する。この圧力が強いほど、集団内では「皆、同じ」であることが求められ、意見や態度は次第に似かよったものになっていく。

確かに既にあるルールを無視したり、否定したりすれば、その集団の中での人間関係はぎくしゃくしたものになる。あるいは、これから作られつつあるルールであっても、多くの人が受け入れを表明しているときに「NO」といえば、やはり居心地が悪くなるのではないだろうか。そして、この居心地の悪さから逃れるために、他人の意見に心ならずも「YES」といってしまった経験は誰にでもあるだろう。

心理学者のアッシュは、心ならずも他人の意見に従ってしまう**同調**と呼ばれる行動について実験を行っている。それは、次のようなものであった。まず、「知覚実験を行う」と言って５～７人程度の人を部屋に集め、図１―３に示したようないくつかの図版を見せて、見本刺激と同じ長さの線分はａ～ｃのうちどれかと尋ねる。このとき、実験の対象となっているのは、実は集団の中のたった１人であり、他の者はみな実験の協力者（サクラ）である。そして、サクラは一致して間違った回答をする。そうすると、通常の状態であれば、まず間違えることのない単純な課題であるにもかかわらず、サクラが一致して間違った答えを続けると80％前後の者はその回答に引きずられて最低一度は間違った答えを口にしてしまうという。つまり、最後まで正しい答えを言い続ける者（非同調者）は、20％前後なのである。しかも、その20％の人たちも周囲と違った答えを続けることに不安があったという。

このように私たちは目に見えない集団の圧力に負けて自分の意見が言えなくなったり、自分の思いとは違うことを言ってしまうことがある。そこには、「他人から嫌われたくない」あるいは「仲間との間に波風（なみかぜ）を立てたくない」という思いや「自分だけ違ったことはしたくない」という思いがある。

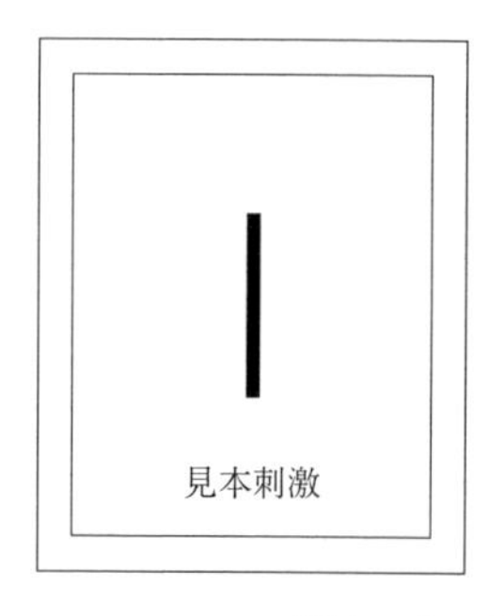

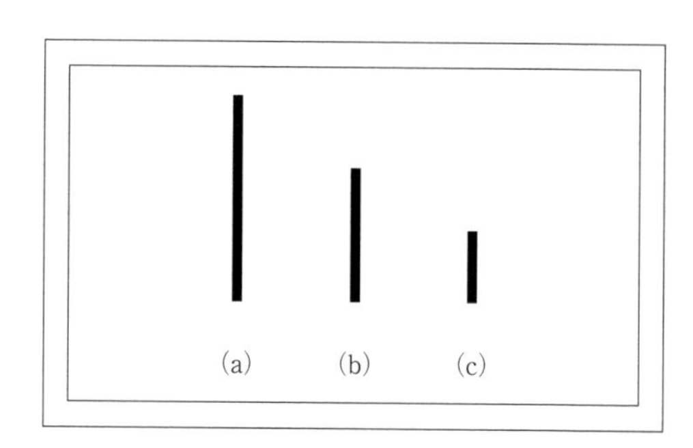

図１―３　アッシュの同調実験に用いられた刺激例

では、もし、その集団の規範を受け入れられないと強く感じた場合はどうだろうか。こうした場合、私たちにはその集団から自らの意思で「抜ける」という選択肢が残されている。しかし、集団の中で断固として自分の主張を貫いた場合、そのことが集団の他の仲間に影響を与える（**マイノリティ・インフルエンス**）ことがある。なぜなら集団には必ず相互作用が存在するからである。

３．集団がまとまることは良いことか？

集団が強くまとまるにつれて、互いの関係が深まり、その集団に所属していたいという欲求がより強くなると、関心は集団にとっての利益あるいは目標の達成よりも仲間とうまくやることに集中してしまう。そのような集団では、仲間の意見に反対すること、つまり集団に波風を立てるような行動は好まれず、反対意見を唱える者には同調への圧力がかかることになる。一方で、集団が出した結論に疑問があっても、自分以外の仲間の意見が一致しているときには、「自分の疑問はたいしたものではないのだろう」と自ら納得させてしまうこともある。このように、仲間とうまくやることにだけ重きをおくと、現実的な検証をしたり、道徳的な判断をしたりする力が弱くなることがある。「赤信号、みんなで渡れば恐くない」のである。こうした集団による不適切な問題解決に至る思考の過程をジャニスは**集団思考**とよんでいる。

確かに、人間関係を大切にすることは重要であるが、そのことによってその集団の目的が損なわれることがあることを知っておかなくてはならない。企業や公共事業体、あるいはその他の組織体が事故やミスを隠していたことがわかり、どうしてもっと早くに過ちが指摘されなかったのかと驚くことがあるが、これは、こうした心の動きと関係している。したがって、このような心の動きについて、学校や病院などで働く人々は特に注意しなくてはならない。児童生徒への教育や患者への治療といったその集団が本来持っている最も重要な目的よりも、その職場での人間関係がうまくいくことが目的になってしまうことは許されないことだからである。そうならないためには、議論の場で反論や疑問を言いやすい雰囲気を作ること、１つのテーマについて必ず複数の提案を求めること、あるいは外部の関係者を会議に含めるなどの工夫をする必要がある。

第３節　より良い人間関係を目指して

１．自分を知ろう

これまで、より良い人間関係を築くために知っておきたいこととして、コミュニケーションに関することや個人間あるいは集団における心の動きについてみてきた。しかし、もう１つ重要な問題が残されている。それは、自分自身の心の問題である。

私たちは、周囲の人たちとうまくやっていきたいと思うあまり、時に、自分の意見を抑えて、周囲に同調してしまうことがある。また、相手の表情や態度に過敏に反応するあまり、自分の気持ちを大切にしなくなってしまうこともある。このような場合には、一見すると周囲にうまくとけ込み、人間関係もうまくいっているように見えるが、自分自身は心地よい状態とはいえない。そのような状態では、短期的にはよくても、長期間、安定した関係を維持していくことは難しい。また、本当の自分の気持ちを伝えられないままでは強い信頼関係を築くことは難しいだろう。このような場合には、自分の気持ちをどのように伝えたらよいのかについて具体的なスキルを学ぶ必要がある。

また、仕事としてひとと向かい合うときには、自分自身の持っている信念や価値観がどのようなものであるかについて曖昧（あいまい）なままにしておくことは許されない。なぜなら、意識されている、いないにかかわらず、信念や価値観はその人の行動や考え方に影響を与えるからである。そして、他者との間にどのような人間関係を望むかにも影響を与えるからである。

例えば、女性は家にいて外で働く男性を支える方がよいと考えている人は、無意識のうちにも女性との間に支配的な関係を望むかもしれない。また、自分の意見を正しいと固く信じている人の場合は、多様な意見は受け入れがたく、自分に同調する人との関係以外は重視しないかもしれない。確かに、インフォーマルな人間関係の中では、互いの了解さえあればこうした関係は問題とはならないかもしれない。しかし、フォーマルな人間関係の中では自分自身の信念や価値観の影響について、十分に考えて行動する必要がある。そのためには、なによりも自分自身について十分に知っておかなくてはならない。

2．良い人間関係とは

この章の締めくくりとして、最後に、良い人間関係についてあらためて考えてみたい。私たちの多くは良い人間関係を持ちたいと願うが、良い人間関係とは、どのような人間関係を指すのであろうか。思いやりのある人間関係だろうか？　支え合い、信頼しあえる人間関係だろうか？　意見の対立のない人間関係だろうか？　あるいは、対立しながらも、互いを尊重しあえる人間関係だろうか？　なかには、自分にとって都合のよい、報酬をより多く与えてくれる人間関係を良い人間関係と考える人もあるだろう。

私たちは、さまざまな信念や価値観、考え方を持っている。そのため、出会ったすべての人たちと必ずしも、同じような信念や価値観を共有できるとは限らない。もちろん、プライベートで友人を選択するときには、互いに類似した価値観を持つ者同士が集まることもできるが、学校や職場、まして、仕事としてひとと出会うときには、むしろ異なった信念や価値観のひとと会うことが多くなるだろう。

また、私たちの人間関係は、家族や友人などのようにとても親密なものから、職場の仲間、近隣の住人、仕事で出会う人々、そして今では、ネットワーク上の仮想空間にまで広がり、その関係の深さも長さも様々である。そのため、すべてのひとたちと同じような人間関係を結ぶことは難しい。

ここでも「良い人間関係」をどのようにとらえるかを考える必要がある。例えば、実生活の中で向き合うことになる家族や友人との間では、対立しながらも、互いを尊重しあえる人間関係が良い人間関係であるかもしれない。しかし、ただ近隣に住んでいるだけの住人との間に、そうした人間関係を望む人は少ないだろう。むしろ、意見の対立のない人間関係や思いやりのある人間関係を良い人間関係にあると表現するかもしれない。あるいは、自分だけの意思でつながったり、関係を切ったりできる仮想空間での関係こそを良い人間関係、心地よい人間関係ととらえる人もいるだろう。

学校や医療機関、福祉の現場で働く人であれば、職場における人間関係、仕事として出会う人々との人間関係、出会った人々が個々に持っている人間関係にかかわることになる。そのため、「意見の対立があれば良い人間関係ではない」と考えてしまうと、視野が狭くなり、仕事がつらくなるだろう。意見の対立があっても、うまくやっていくスキルを身につけることが大切である。

第2章　人間関係の病理

第1節　人間関係のストレス

1．対人ストレス

家族や友人など周囲の人に支えられ、受け入れられているという感覚は、安らぎをもたらすだけでなく、身体的な病の予防にもつながる。このように、人間関係が「薬」として働く面がある一方で、「毒」となることも多い。

友達に気を遣う、同僚と気が合わない、上司にいつも叱られるなど、人間関係がストレスとなることがある。このような人間関係によるストレスを**対人ストレス**とよぶ。対人ストレスの研究者である橋本剛によると、対人ストレスは大きく三種類に分類できるという。

まず、社会のルールから外れるような望ましくない行動をされることによるストレスをさす**対人葛藤**である。具体的には、約束を破られる、無責任な行動をされる、非常識な行動をされるなどがこのなかに含まれる。

次に、他者と自分を比べることや他者とのかかわり方がわからないことによって生じる**対人劣等**である。例えば、会話中に何をしゃべったらいいのかがわからなくなってしまう、相手とどのようにつきあえばよいのかがわからなくなってしまう、相手に劣等感を抱くことなどが挙げられる。

三番目は、相手に気を遣いすぎたり、そのせいで疲れしてしまうことによるストレスをあらわす**対人摩耗**である。具体的な内容としては、上下関係に気を遣うことや相手に気を遣って聞きたくない話を聞くことなどが含まれる。

2. コーピング

このような対人ストレスは支援者と患者などのサービス利用者との間でも生じることが多い。患者から嫌なことを言われる、利用者が指示通りにしてくれないということは珍しくない。対人ストレスを上手に処理できず、ためてしまうと、相手のためにしていた仕事にやりがいを感じなくなってしまうなど、**バーンアウト（燃え尽き症候群）**の状態に陥ってしまう。そのため、支援者や支援者を職業として志す人は、ストレスを処理する方法を幅広く持っていることが望ましい。

ストレスに対処する方法のことを**コーピング**とよぶ。コーピングは三種類に分類できる。まず、直面しているストレスを解決したり乗り越えたりするような行動をとることを**問題焦点型コーピング**とよぶ。例えば、授業の内容がわからないときに先生に質問をすること、パソコンのトラブルについて詳しい人に解決法を相談すること、問題が生じている原因について考えることなどがあてはまる。

また、ストレスに直面して動揺している自分の感情を発散したり、落ち着くための行動をとることを**情動焦点型コーピング**という。例えば、先生に怒られたときに気持ちを落ち着けるために友人にグチを聞いてもらうことや気分転換に音楽を聴くこと、置かれている状況の明るい面を考えてみることなどがあてはまる。

そして、ストレスがあることを認めなかったり、ストレスから逃げることを**回避・逃避型コーピング**とよぶ。例えば、夫婦喧嘩をしたときにそのことを考えないようにしたり、お酒を飲んで忘れようとすることなどがあてはまる。なお、同じ「お酒を飲む」というコーピングでも、その目的が気分転換であり、気分転換後にストレスに向き合おうとするのであれば情動焦点型コーピングであるといえる。

この三種類のコーピングのうち、回避・逃避型コーピングは不適切なコーピングとされ、精神的に不健康な状態につながる。一方、直面している問題が解決できる可能性のあるストレスである場合、問題焦点型コーピングをとることが望ましい。一方、直面している問題が解決できないストレスである場合、情動焦点型コーピングが有効である。

3．コーピングのリスト

いずれにせよ、多種多様なコーピングの選択肢があることは、仕事にやりがいをもって続けていく上で非常に重要である。コーピングはお金や時間がかかる特別なものだけでなく、日常のちょっとしたことでも効果がある。いろいろな角度から自分にとって効果がありそうで実行しやすいコーピングを探して、リストにまとめておくことは有益である。表2―1にコーピングのリストの例を示す。

ストレスに直面しているときには、冷静に落ち着いていることは難しく、いいアイディアも浮かばない。そのような状況では、新たにどのようなコーピングがありえるかを考えてもアイディアがわきづらい。そのため、前もってコー

表2―1　コーピングのリストの例

・家族にグチをいう
・友人や同僚に相談する
・本やインターネットで調べてみる
・コーヒーやお茶を飲む
・コンビニでちょっといいおやつを買う
・楽しみにしているドラマを見る
・好きな小説や漫画を読む
・お気に入りの音楽を聴く
・おいしいものを食べたり、お酒を飲む
・悩みを書き出してみる
・悩みを違う角度から眺めてみる
・睡眠時間を多めにとる
・カラオケで大きな声を出して発散する
・いつもよりいい服や靴を買う
・アロマをたく
・ペットと遊ぶ
・旅行に行く

ピングのリストを作成しておき、ストレスになることが生じたときに、このリストを確認する。そして、有効に働きそうなものを実行してみるといい。あるコーピングがうまく働かなかったとしても、効果が出るまで、順にコーピングを実行できるだろう。このコーピングのリストは、いつでも確認しやすいように、携帯電話のメモや手帳などに保存しておくといい。

４．問題解決法

順序立ててコーピングを見つけ出す方法に**問題解決法**がある。問題解決法では、まず直面している問題を具体的に表現する。例えば、学校の友だちに嫌なことをされるという対人ストレスを「学校で隣の席のクラスメイトが嫌なあだ名で呼んでくる」と具体的に表現する。次に、考えうる解決策を可能な限り考え出す。このとき、アイディアは多ければ多いほどよい（質より量）、そのアイディアがいいものかどうかは気にしないことが重要である。コーピングのアイディアが十分に出たら、その方法がどのくらい実行できそうか（実行可能性）、どのくらい有効に働きそうか（有効性）を０～100点で考えてみる。その評定が終わったら、評定した値を参考にしながら考え出したコーピングを実行に移してみる。「学校で隣の席のクラスメイトが嫌なあだ名で呼んでくる」という対人ストレスに対してとりうるコーピングを問題解決法に基づいて考え出したのが表２―２である。

この際、実際にコーピングを行動に移した後に、実行するのに負担がないか、あるいは負担がかかりすぎて実行に移せないのか、その方法がどのくらい有効に働いたのかを振り返り、次の計画につなげていくことが大切である。計画を実際に行動に移して、その成果を振り返り、計画を改善してまた行動に移すという流れが欠かせない。

第２節　不安に関する人間関係の病理

不安を過剰に感じることによって、人間関係の病理が生じることがある。

表2—2　問題解決法の例

コーピングのアイディア	実行可能性	有効性
・友人に相談する	90	40
・先生に相談する	50	90
・親に相談する	70	30
・スクールカウンセラーに相談する	30	60
・無視する	10	50
・「そのあだ名で呼ばないで」と言う	10	80
・なるべく一緒にいないようにする	80	15
・相手にも嫌なあだ名をつける	75	50
・クラス会議で取りあげてもらう	30	80

その代表例に**社交不安症**がある。不安症とは、非常に強い不安によって苦しんでおり、通常の社会生活を送ることが難しい状態を指す。特に社交不安症は、他者から注目される可能性のある場面において、恥をかいたり、悪い評価を受けることへの不安が強いことを指す。具体的には、よく知らない人に会うこと、雑談すること、人と食事をすること、スピーチをすること、人前で文字を書くこと、パーティに参加することに強い不安を感じる。日本で古くから研究がなされてきた、人前で顔が赤くなってしまうことを恐れる**赤面恐怖**や自分の視線のせいで人に嫌な思いをさせてしまうことを恐れる**視線恐怖**なども社交不安症に含まれる。このような場面のほとんどで、必ず不安を感じることが6ヵ月以上続く場合、社交不安症と診断される。

また、社交不安症の人は強い不安があるために対人場面を避ける傾向がある。しかし、いったん対人場面を避けると、それがクセになってしまい、また同じような場面を避けるばかりではなく、今までは不安を感じていなかったような場面でも不安を感じるようになってしまう。症状が重くなると、どんどん生活の範囲が限定され、学校や会社に行くことも難しくなり、不登校やひきこもりにつながる可能性がある。

社交不安症になる人は12%と決して稀ではない。しかし、社交不安症になる人はそもそも病院やカウンセリングルームなどの対人場面すらも避けるため、治療につながることが難しい。また、症状を自分の性格の問題と捉えている人が多く、治療への動機づけも低い。そのため、早期発見が難しく、症状が深刻になってから家族や友人など関係者に連れられて、治療の場にやってくることもある。

第3節　パーソナリティに関する人間関係の病理

1．パーソナリティ障害

パーソナリティによる人間関係の病理として**パーソナリティ障害**がある。パーソナリティ障害とは、パーソナリティの著しい偏りによって、本人または周囲が悩まされている状態であり、対人関係に問題が生じることが多々ある。アメリカ精神医学会が定めた精神疾患の診断基準であるDSM-5において、パーソナリティ障害はA群、B群、C群の三つの群に分類され、合計10種類あるとされる（表2―3）。

A群は風変わりなタイプで、猜疑(さいぎ)性パーソナリティ障害、シゾイドパーソナリティ障害、統合失調型パーソナリティ障害がある。**猜疑(さいぎ)性パーソナリティ障害**は、他者が自分に悪意を抱いているという猜疑心(さいぎしん)を強く持ち、疑い深いことが特徴である。根拠なく恋人や配偶者が浮気をしていると思い込んだり、助言やアドバイスを批判と思って怒り出すことがある。また、シゾイドパーソナリティ障害は、情緒的な冷たさが目立ち、孤独を好む傾向がある。シゾイドパーソナリティ障害のある人と話していても、温かい気持ちのやり取りや共感をもちにくい。統合失調型パーソナリティ障害には、妄想や風変わりな信念がみられ、空想の世界の話題を好む特徴がある。テレパシーや予知能力を信じていたり、まわりの人には不可解な魔術的な儀式を行うこともある。これらA群のパーソナリティ障害は自分の中に閉じこもりがちで、他者と安定した関係を作ることが難しい。

B群は感情の混乱が激しく、非常に情緒的なタイプで、境界性パーソナリティ障害、演技性パーソナリティ障害、自己愛性パーソナリティ障害、反社会性パーソナリティ障害がある。B群のパーソナリティ障害のある人と付きあうのは大変であり、相手にこのタイプのパーソナリティ障害が疑われる場合、対応に注意が必要である。特に対人関係の問題が生じやすいB型のパーソナリティ障害については、それぞれ後に詳しく述べる。

C群は不安や恐怖心が強いタイプで、回避性パーソナリティ障害、依存性パーソナリティ障害、強迫性パーソナリティ障害がある。回避性パーソナリティ障害は、人とのかかわりに対して不安や緊張が強く、他者からの批判や拒絶を恐れるあまり対人関係を避ける傾向がある。例えば、回避性パーソナリティ障害のある人は友だちに飲み会に誘われても、うまく会話ができず馬鹿にされたり、恥をかくのではないかと不安になり、断ってしまう。そのため、対人関係が限定されていく。なお、回避性パーソナリティ障害は社交不安症と関連が強く、社交不安症と同様に不登校やひきこもりと関係がある。依存性パーソナリティ障害は、自分に対する自信が過度に低く、日常の選択であっても自分ひとりでは決定できない特徴がある。また、友だちから嫌われることをひどく恐れるため、友だちから意に反することを言われても反論したり、自分の意見を言うことが難しい。強迫性パーソナリティ障害は、完璧主義で過度に秩序やルールを重んじ、柔軟性がないことが特徴とされる。例えば、仕事が終わるまでは帰っていけないと考えて、深夜まで仕事をしてしまうことがある。柔軟性のないこだわりを周囲の家族や友だちにも強要することがあり、周囲の人が困ってしまうことも多い。さきほどの例で言うと、同僚に仕事が終わるまで残業をすることを強要する。A群のパーソナリティ障害は内に閉じこもりがちなのに対して、C群のパーソナリティ障害は他者と関係を持つことに不安を持ちやすいことから内向的な性格を示す。

なお、パーソナリティ障害はかつて**人格障害**と呼ばれていた。しかし、日本語の「人格」ということばには「人格者」という表現に表されるように「優れている」というニュアンスが含まれる。そのため、人格障害という訳語は偏見を招くことが多く、適切でないと考えられるようになった。現在では、そのようなニュアンスが含まれることのないパーソナリティ障害という訳語が用いら

表2―3　パーソナリティ障害の一覧

群	特徴	該当するパーソナリティ障害
A群	変わり者	猜疑性パーソナリティ障害 シゾイドパーソナリティ障害 統合失調型パーソナリティ障害
B群	感情の混乱が激しく、情緒的	境界性パーソナリティ障害 自己愛性パーソナリティ障害 演技性パーソナリティ障害 反社会性パーソナリティ障害
C群	不安や恐怖心が強い	回避性パーソナリティ障害 依存性パーソナリティ障害 強迫性パーソナリティ障害

れている。

2．B群のパーソナリティ障害

境界性パーソナリティ障害は、これまでもっとも研究が行われきたパーソナリティ障害である。相手を実際以上の存在であるかのようにほめていたにもかかわらず、急に激しく非難しはじめるなど不安定な人間関係の持ち方が境界性パーソナリティ障害の特徴である。例えば、恋人のことを「世界で最も自分を理解してくれるすばらしい人」と理想化していたかと思うと、「自分のことを搾取（さくしゅ）する支配者」と激しく非難するなど、感情的に他者評価が激しく変化する。同時に、他者から見捨てられることへの不安が非常に強い。具体的には、友人が待ち合わせに数分遅れてやってきたとき、境界性パーソナリティ障害のある人は友人から見捨てられたと感じて、パニックに陥ったり、激しく怒る。他者との関係が落ち着かないため、ちょっとしたことで支援者に不信感をもつようになる。その結果、ドクターショッピングのように支援者を次々に変えていくことが多い。

このような不安定さは自己像にもみられ、いつも満たされない空虚感を抱いている。また、衝動的に自己を傷つける行動をとったり、怒りのコントロールがうまくできないことがある。具体的には、ギャンブルや借金、危険な性行為、無謀な運転など問題となる行動をとりやすい。特に、境界性パーソナリティ障害のある人の支援の難しさは、繰り返し自殺や自傷行為をほのめかして家族や友人などの周囲の人を脅したり、実際に実行するところにある。そのため、周囲の人がその脅しにおびえたり、本当に死んでしまったらどうしようと思って無理な要求に応えようとする。そのため、周囲の人は心理的にも身体的にも疲れ切ってしまう。

演技性パーソナリティ障害は、常に自分が注目の的でないと気が済まず、日常生活の中で、大げさで芝居がかったふるまいをするのが特徴とされる。派手なファッションや外見を好み、女性の場合は性的に誘惑するような行動を示すこともある。また、他者や環境に左右されやすく、権威のある人物や流行に影響を受けやすい。他者との関係を実際以上に親密なものととらえがちであることも演技性パーソナリティ障害の特徴である。例えば、知人のほとんどを「かけがえのない親友」と表現することがある。

自己愛性パーソナリティ障害は、自身の業績や才能を誇張したり、自分の能力を過大評価する傾向にあり、自分は他者から称賛を受けるべき存在であると考えていることが特徴である。そのため、周囲からは自慢ばかりする人、見栄をはっている人のように見える。また、自己愛性パーソナリティ障害のある人は、他者の気持ちを考えないなど共感の欠如がみられたり、自分の目的を達成するためには他人を利用しても構わないととらえている。その他、嫉妬深いといった特徴もある。

反社会性パーソナリティ障害は、他人の権利を侵害したり、違法行為を繰り返すなど反社会的な行動が特徴とされる。また、衝動性が強く、向こう見ずで危険な行動をとる。いら立ちやすく、しばしば暴力をふるう。なお、診断には18歳以上であること、15歳以前に素行症（他者や動物への攻撃、放火、ひとの物の破壊、うそ、窃盗、重大な規則違反などを繰り返す障害）の症状があったことが条件とされる。

3. パーソナリティ障害のある人とのつきあい方

パーソナリティ障害のある人は周囲の人を感情的に振り回すことから、周囲の人が巻き込まれてしまうことが多い。このような状況が続き、疲れがたまってくると、周囲の人はうつ病などの精神疾患になってしまうことがある。

そのため、パーソナリティ障害のある人に攻撃されたり、傷づけられたりしないようにするためには、次のことが重要である。

・近づかない。逃げる。
・知り合いにならないようにする。
・連絡先を交換しない。
・SNS上で友だちにならない。
・個人情報を教えない。
・二人きりにならない。

たとえ、専門家であったとしてもパーソナリティ障害のある人とかかわることは難しい。人間関係の持ち方に困難が生じている以上、「話せばわかる」、「誠実な心で向き合えば気持ちが通じる」という精神論では決して解決しない。自分の身を守るためには、誰とでも仲良くするのではなく、そのような人たちから逃げることが重要である。

しかし、どうしてもパーソナリティ障害のある人とかかわらなければならないときには、物理的にも心理的にも適度な距離をとることが絶対に必要である。また、そのような人とのかかわりに悩んだときには、自分ひとりで抱え込まずに、友人や家族、同僚などに相談することが重要である。そして、もう限界だと思う前に、自分を守ることを優先してほしい。

第３章　家族

第１節　家族の変化

１．少子高齢化

わが国は昔と比べて、自分の生き方を家柄や性別、年齢に左右されることなく決めようとする個人の意志が尊重されるようになってきている。そのため、好きなことを思う存分したあとで、もしくは好きなことを続けられる範囲で結婚や出産、育児を考えようという女性が増えている。また、結婚しても仕事を続ける女性が増えている。そのなかで、出産や育児についての選択は働く女性の悩みのひとつとなっている。

女性ばかりでなく、男性を取り巻く環境も変化している。以前は家族を養ってこそ男性として一人前であるという考えが社会に広く浸透していたため、会社の上司や同僚から「早く結婚しないと出世にひびく」などと声をかけられることが多かった。しかし現在は、家族を養っていることが社会的に認められるための必須条件であるわけではない。そもそも、男性が家族を養うものであるという考え方そのものがなくなりつつある。

これらの変化に伴い、結婚や出産の時期がどんどん後回しにされる**晩婚化・晩産化**が進んでいる。加えて、さまざまな事情から子どもをもつことに慎重になったり、生む子どもの人数を制限しようとしたりする人がいる。例えば、家族構成が変化し、夫婦のみの世帯や親と子どものみの世帯が増加している現在では、子どもを生んでも周囲に気軽に子どもの世話をお願いできる人がいないというケースが多い。保育施設に預けようにもどこもいっぱいであったり、希望する施設への入所がかなわず遠方の施設に預けることになったりしている。

また、高学歴化の進行によって、大学までの学費や受験のための塾通いなど、ひとりの子どもを育てるための経済的な負担が増した。さらに、住宅事情にも少子化の原因の一端をみることができる。大都市圏を中心に、住宅事情が厳しい地域における出生率は低い傾向にあり、住居が狭い、安心して遊べる場所がないといった環境のなかで子育てをする難しさを感じている人がいる。

以上のことが背景にあって、ひとりの女性が生む子どもの数は減少した。ひとりの女性が一生のうちに生む子どもの数の平均を示した数値を**合計特殊出生率**という。平成に入って以降、合計特殊出生率は1.6を下回る状況が続いている。人口を一定に保つために必要な合計特殊出生率は約2人（人口置き換え水準）であるとされており、合計特殊出生率がこれを下回って推移しているわが国は、2008年頃から本格的に人口減少社会に転じている。

少子化の進行とともに問題となっているのが**高齢化**である。高齢化の進行によって、医療や介護、年金などの社会保障に必要なお金は膨らみ続けており、この費用に充てられる若者の税負担を増やさざるを得ない状況にある。また、若者の減少によって社会の経済基盤が不安定になるとともに、社会の活力が低下することが懸念されている。

2．家族構成の変化

家庭は、経済活動をともにするなかで子育てをしたり、病気やけがをした家族を介護したりする場所である。また、休息や安らぎを得られる場所でもある。以下に、現代の家族構成の特徴と課題について説明することにする。

(1) 核家族の増加

核家族とは、夫婦だけ、または夫婦（どちらか一人の場合を含む）と未婚の子どもだけで構成されている家族を指す。現在は、祖父母と同居せずに、親と子どもだけで生活する家族が多い。核家族では、例えば夫婦がけんかをしたりお互いに不満をためたりした際に、両者の緊張した関係を緩和させる役割を果たす者がおらず、家族内の不和が長引くということが起こる。また、隣人や地域との関係が希薄になっている現在では、母親と乳幼児期の子どもが日中ふたりきりで過ごすことが多い。この状態が、親の子育て不安やストレスを高め、子どもへの虐待につながる危険性を高めることになっている。

(2) 三世代同居の減少

三世代同居とは、世帯主を中心に直系三世代以上が同じ屋根の下に暮らし、生計を共にしている状態である。このような三世代同居は減少している。また、祖父母が遠方に住んでおり、なかなか会いに行けないというケースも多い。そのため、子どもが祖父母と一緒に過ごす機会や時間は減っている。ひとは高齢になるにつれて体力や運動能力が低下し、できないことが多くなるが、その一方で様々な経験や知識を持つようになる。子どもは、このような経験に基づく知識を身につけている高齢者をどうとらえ、どのように接したらよいかということを、祖父母に対する親の態度を見て学んでいく。しかし現在は、こうした年長者への態度を子どもが学びにくい状況にある。

(3) 共働き家庭の増加

子どもを育てながら仕事をする母親が増えている。これは女性の社会参加が促進されたこと、経済の不安定さから老後の生活に不安を感じている人が多いこと、産前産後休業（**産休**）や育児休業（**育休**）を導入する会社が増えたこと、乳児期から子どもを預かる保育施設が増えたことなどが影響している。

父親と母親が共に働きながら子育てをする**共働き世帯**の数は、母親が専業主婦である世帯の数を1997年に上回り、その後も増え続けている。共働き家庭では子どもを保育施設に預けることになるが、その数が増えたために、子どもを預けたくても入所定員に空きのある施設がなくて預けられないという問題が起こっている。このように、保育施設の入所条件を満たし、利用を申し込んでいるにもかかわらず、保育施設に入れずにいる子どもを**待機児童**という。待機児童問題を解消するために、2013年度から2016年度にかけて新たに約42.8万人分の保育の受け入れ枠が確保されているものの、待機児童数は２万人を超える状況が続いている。

(4) ひとり親家庭の増加

離婚や失踪、死亡などによって父親か母親のどちらかが離別し、残された親と子どもで構成される家庭を**ひとり親家庭**とよぶ。ひとり親家庭には**母子家庭**と**父子家庭**があるが、いずれも増加しており、2016年の調査より、子どものいる世帯における母子家庭の割合は約6.8%、父子家庭の割合は約0.7%と推計されている。ひとり親家庭になった、もしくはそうなる可能性がある場合には経済的な問題や家事、育児などの問題に加えて、父親（もしくは母親）がいなくなることによる子どもの心理的な面への影響が心配される。ただし、親と離別することが必ずしも子どもに悪影響を与えるわけではなく、親が離婚を選択する際には親がいることによる子どもへのメリットと親がいなくなることによる子どもへのメリットを考えあわせて判断する必要がある。

第2節　親子関係

1．母性と父性

昭和の中頃まで、父親像は大きく、厳しく、威厳があるというものであった。それぞれの家には父親が決めたルールがあり、子どもたちは父親の決めたルールに従わなければならなかった。一方、母親は家を守り、子どもを育てる役割を担ってきた。子どもたちは、家の中でいつも母親の存在を感じながら安心して過ごすことができた。

母性とは子どもを愛情で包み込んで安心感や信頼感を持たせるものであり、**父性**とは子どもにルールや厳しさを与えることで生活上のルールや他者への配慮といった社会への関わり方を学ばせるものである。ただし、臨床心理学者の河合隼雄は「父性は必ずしも父親だけが持つものではなく、女性が父性を持つ場合もある」と述べている。性別による分業意識が弱まったことにより、現在は父親が父性を、母親が母性をもって親としての役割を果たしていくというよりは、父親も母親も母性と父性の両方の側面をもち、お互いにバランスをとっていくという考え方にたって、子育てのあり方が論じられるようになっている。

2．母子関係

(1) 乳児期の子どもと母親の結びつき

母親はもともと母性をもっており、子どもを愛することができるというわけではない。医学的および生理学的にみると、産後１～２週間（**成母期**）が母子の関係づくりにおいて重要な時期であると言われており、この時期にホルモンなどの分泌により母親は母性に目覚めるとされている。母親は、わが子を抱いたり、乳を飲ませたり、あやしたりする直接的な接触によって母性を強め、わが子にさらなる愛情を注いで育児をする。

乳児（０歳）期には、母親が世話をするすべての行為が、乳児の精神発達に大きな影響を与えると言われている。乳児は、母親がおむつを取り替えたり、乳を飲ませたり、微笑みかけたりする行為から母親の愛情を感じとり、母親に対して絶対的な信頼を寄せるようになる。

乳児期の母子の結びつきは母親からの一方的な関わりによって成り立っていると思われがちである。しかし、実際には子どもからも母親の母性を引き出すためのさまざまな働きかけがある。このような子どもの行動を**愛着行動**と呼ぶ。愛着行動は人間が生まれてすぐに、その身を保護してもらうために他者（養育者）へ働きかける行動を指す。心理学者のボウルビィは愛着行動を、①発信行動（泣き、微笑、発声）、②定位行動（注視、後追い、接近）、③能動的身体接触行動（よじ登り、抱きつき、しがみつき）の３つに分類している。

子どもとの愛着関係を深めるために、親は積極的に子どもに微笑みかけたり、ことばかけをするように心がける必要がある。また、子どもからの微笑む、声を出すといった働きかけに対して親が微笑み返したり、子どもの発声をまねて返したりすることも愛着形成の過程で大切なことである。これによって、乳児は親とのコミュニケーションが成立する喜びを知り、乳児からの働きかけがますます盛んになるのである。

⑵ 幼児初期の子どもにとっての母親という存在

1歳を超えた子どもは、立ち歩くようになることで行動範囲が広がり、好奇心が強くなる。そのため、これまで公園に遊びに行っても母親のそばから離れようとしなかった子どもが、徐々に母親のそばを離れ、ひとりで興味のある遊具などに向かっていくようになる。しかし、親の存在を忘れて遊び続けるというわけではない。子どもは不安になるたびに母親の姿を探し、初めて滑り台に一人で上ろうという時には母親に見ていてもらうことを要求し、滑り台から一人で滑り降りてきた自分の姿を母親が見ていたかを確認する。このように母親が見守り、励まし、認めることで、子どもは安心感や自信をもって新しいことへの挑戦を重ね、成長していく。

3．父子関係

⑴ 父親の不在・弱体化

叱らない父親、叱れない父親が増えていることが指摘されている。これには社会がとらえる父親像の変化が関係している。従来の家父長制度が崩壊したことによって家族のあり方は多様化し、家族構成員の関係も変化してきた。このなかで社会がとらえる父親像も変化していったのである。その結果、家の中での自分の立場がつかめず、家事や子育てにかかわろうとしない父親や、子育てにうまくかかわっていけない父親、子育てにかかわるもののその方針は母親に従う父親が増えた。

現在は、父親も子育てに積極的にかかわるようになってきているものの、子どもが守るべきルールを決め、子どもからの要求に答えるかどうかの判断を下すのは主に母親が担っており、母親である妻に判断を仰ぐ父親や、「お母さんに聞いておいで」と丸投げする父親が少なくない。なかには、「お父さんのようになってはダメ」と、子どもの反面教師にされている父親もいる。心理学者の徳田克己は父性の確立をサポートする母親の役割について「父親の行為を

『くだらない』と子どもの前で言うと、すべてが台なしになる。母親は、子どもと遊ぼうとする父親のフォローをしてあげてほしい」と述べている。

(2) 乳幼児期の子どもへの父親の関わり

イクメン（育児を積極的に行う男性のこと）という言葉が流行するなど、現在では、父親が育児にかかわることが当たり前のこととして受け止められている。しかし、父親の勤務時間は他国と比べて長く、育児休暇も取りにくい状況にある。そのため、父親が子どもとかかわる時間は母親より少ない。だからといって、父親が子どもとの関わりに消極的になったり、母親と同じ方法で子どもにかかわっていたのでは父親としての役割を果たしているとは言えない。

子どもは、父親に肩車をしてもらったり、腕にぶら下がって遊んだり、力仕事をこなす姿を見たりするなかで「パパはすごい」という憧れをもつ。また、父親の趣味にふれたり、父親と遊んだりすることを通して、大胆さや探究心、社会性などを学んでいく。父親の世話を受けたり、父親と遊んだりすることが子どもの発達にポジティブな影響を及ぼすことは、国内外の複数の研究で確認されている。加えて、父親（夫）が協力的で一緒に子育てをできていると感じる母親は育児不安が低いとされており、父親の子育ては、母親が心穏やかに子育てに取り組めることにも一役かっている。このように、父親と母親がそれぞれの価値観やそれぞれの良さをもって子どもにかかわることは、子どもの成長や発達を促す上で大切なことである。

4．子どもの成長と親の関わり

(1) 幼児期から学童期にかけて

幼児期の子どもは親との関係をはっきりと認識し、より強い結びつきを求めるようになる。一方で、親がいつでも子どもの安全基地となっていれば、子どもは親がいなくても新しい場面に適応できるようになる。親との愛着がしっかりと形成されていることによって、子どもは「離れていてもお母さん（お父さん）は絶対に私（僕）が好き」という自信と安心感をもてるのである。

また、幼児期の子どもには、何でも一人でやろうとしたり、親の言うことにことごとく反抗したりする時期がある。やりたいことがうまくいかないと、子どもはかんしゃくを起こし、泣きわめく。このように１歳半頃から３歳にかけて親に反抗したりかんしゃくを起こす時期を**第一反抗期**とよぶ。これは子どもに自我が芽生えたために起こる現象である。反抗期は子どもの発達過程において非常に重要な時期であるが、多くの親は子どもの反抗にどう対処してよいのかわからずに途方にくれてしまう。子どもがかんしゃくを起こすのは自分のやろうとしていたことが思い通りにならなかったり、自分の考えがうまく親に伝わらないことによる。親としては、反抗期を子どもの成長に不可欠なものと理解して受けとめる覚悟をしておくべきである。子どもがかんしゃくを起こしたら、親は励ましたりなぐさめたり、時には叱りながら、子どもが自我をうまくコントロールできるように導いてあげたい。そして、子どもが自我をうまくコントロールできたときには思いきり誉めてあげるとよい。

自我が確立されていく過程において、子どもは「お母さんは口うるさい」、「私はこうしたい」などといった感情をもつようになる。また、子どもは大きくなるにつれて友だちや先生といった親以外の人との関わりが増えてくる。そのなかで他者の生活や考えを知り、親のしつけに対して「どうしてそうしなきゃいけないの？」、「○○ちゃんはしていなかった」などと親の考えに反抗したり意見したりするようになる。このように、子どもは「親に反抗する」、「言いつけを守らずに悪いことをする」、「無茶をやって失敗する」ということを繰り返し、その時の親の反応から、許されることと許されないことを学んでいく。ここで、親が本気で叱ったり心配したりしなければ、子どもは社会のルールを学ぶことができない。

(2) 思春期

思春期に入ると、子どもは肉体的にも精神的にも大人に近づいているという自信と、大人へ近づいていくことへの不安の両方の感情を抱く。また、自分とは何か、まわりから自分はどう見られているかといった自己への関心が高まる。そのなかで、現実の自分と理想の自分とのギャップに苦しみ、精神的に不安定になる。親に対しても「私はもう子どもではない」という気持ちから反抗的になったり、親の行動に意見したり、親を避けたりする（**第二反抗期、心理的離乳**）。

一方、この時期の子どもには、友だちや仲間といった、自分が所属する集団の一員として認められたいという気持ちが非常に強く出てくる。そのため、帰属する集団の意向に左右されやすく、所属する集団によってことばづかいや態度、身なり、考え方などが変化する。

こうしたなかで、子どもは友だち関係や恋愛、自分自身のこと、自分の将来など、様々な悩みを持つに至るが、それを親に相談できず、ひとりで悩んだり、親に八つ当たりをしたりする。この時期は、親自身もわが子に対する見方を変えていく転換期である。親は、子どもを見守り、子どもの支えとなることが必要である。

第３節　夫婦関係

１．夫婦関係の特徴

夫婦とは、別々の環境で生まれ育った男女が結婚という手続きを経て、共同生活を営む関係である。夫婦は、単に経済的な消費生活を共にしているだけでなく、性的な関係を持ちつつ、精神的に強く結びつきあいながら生活をしている。一般的に夫婦関係の特徴として次のことが挙げられる。

①　社会的に承認された性的共同関係

性についての社会的、宗教的、倫理的な禁止、抑圧が弱まり、夫婦以外の男女間において性的関係をもつことが少なくないが、原則としては結婚している夫婦においてのみ性的交渉が社会的に承認されている。性的交渉は人間関係において最も親密な行為であり、夫婦間にとってお互いの心理的親密さを深め、二人の関係をより強めるものである。しかし、配偶者が他の異性と性的関係をもった事実を一方が知った場合、その一方が情緒的な混乱に陥ったり、夫婦の不和が生じたりするのが通常である。また、その際に相手を許し、結婚生活を継続したとしても、心の底のわだかまりが解消できずに不信感を募らせ、日常生活において相手に対して攻撃的になるために、破局してしまうことが多い。

② 永続的関係

離婚などによって夫婦関係を解消することがあるが、一般的には夫婦関係は永続的で、生涯を共にすることが期待されている。しかし現実には、愛情という移ろいやすい感情や甘い希望的観測、美しき誤解によって結婚が成立しており、非常に脆(もろ)い関係である。夫婦関係を継続させるためには、お互いに相当の忍耐力と意図的な努力がなければならないのである。

③ 権利義務関係

夫婦には、相手に何らかの役割を果たしてもらうことを期待する権利と、相手のために果たさなくてはならない義務がある。法律においてもお互いに協力して助けあうことや子どもを育てることなどの権利義務が定められている。夫婦間の役割には、働いて収入を得てくる役割、子どもを育てる役割、家事をする役割など様々であるが、夫婦のどちらがそれを担うかについてはケースバイケースで考える必要がある。

④ 全人格的人間関係

夫婦は、お金やモノを媒介とした関係ではなく、ある特定の目的を達成するために成立しているのではない。相手の人格に価値を見い出し、精神的に強く結びつきあって、日常生活のすべての側面においてお互いに深く関与する関係である。しかし、相手の生活に深く関わることによって、ややもすると相手の行動を干渉しすぎたり、遠慮や配慮に欠けることがある。「親しき仲にも礼儀あり」を心がける必要がある。

2. 夫婦の役割関係

(1) 夫婦の役割

先にも述べたように、夫婦間には働いて収入を得る役割、子どもを育てる役割、家事をする役割などがある。その役割を夫婦間でどのように分担するかは、個々の家庭事情によって異なる。従来、「男は仕事、女は家庭」という考え方があったが、最近では徐々にその考え方に変化がみられてきている。平成28年に内閣府が行った男女の役割分担意識を調べた世論調査の結果においても、「夫は外で働き、妻は家庭を守るべきである」という考えに賛成した人の割合が41％と半数を割っている。昭和54年の世論調査では、73％の人がこの考えに賛成していたことから考えると、「男は仕事、女は家庭」という固定的な性役割観が崩れてきていることがわかる。

(2) 夫婦の役割期待とその遂行

夫婦はお互いに自分自身の役割と相手の役割について認識している。これを**役割認知**という。役割認知はそれぞれの生育環境などの影響を受けながら、無自覚のうちに形成されていくものである。例えば、共働きの母を見て育った妻は、その母を妻の役割モデルとして認識し、家事を協力分担していた父親と同様の役割を夫に求める。逆に、専業主婦の母を見て育った夫は、一切の家事を行う母の行動を妻に求め、家事をまったく手伝わなかった父親を夫のモデルと考えることがある。このように異なった環境で育った男女が結婚した場合、多かれ少なかれ、お互いの役割期待とその遂行にズレが生じてしまうのは当然である。ズレが生じる原因として、お互いの役割に対する期待が間違っていたり、過大であったりする場合やそもそもの人生観や価値観が異っている場合がある。夫婦でよく話し、お互いを理解しあうことによって、それぞれが役割認知の枠組みを修正して、納得する役割を遂行していくように努力していくことが大切である。

(3) 夫婦の主導権

戦前の家父長制の時代では、一家の長である夫（あるいはその父親）が権力を持ち、家族全体の行動に対して強い影響力を持っていた。しかし、男女平等が叫ばれ、家庭内での夫の絶対的な権力がなくなりつつある現在では、夫婦のどちらが主導権を握るか、どのようなプロセスで決定を下すかはそれぞれの夫婦の事情および個々のパーソナリティによって異なる。話しあいの結果、一方の意見が適切であった場合に他方がそれに従う場合もあれば、強気で強引なパーソナリティの持ち主の意見によって決定されてしまう場合がある。

一般的には家計管理や貯蓄・投資については妻のほうが夫よりも最終決定権をもっている場合が多いが、土地家屋の購入や全体的な実権については夫が最終決定権をもっている場合が多い。また、妻の学歴が高いほど妻が支配的である場合が多いという傾向がある。

３．夫婦関係の問題

(1) 夫婦げんか

育児書等には「夫婦げんかをしてはいけない」ことが書かれている。確かに、夫婦がいがみあったり、暴力をふるったり、口をきかない状態が長く続いたりするようなけんかを頻繁に繰り返すと、夫婦の関係だけでなく、子どもにも悪影響を及ぼす。現に、暴力的なけんかを繰り返している家庭で育った子どもは、友だちとのいざこざがあった場合にすぐに暴力をふるってしまうことがしばしば指摘されている。夫婦間の仲が常によい状態であるにこしたことはないが、別々の境遇で生まれ育った男女が生活を共にすれば、意見の相違、摩擦が起こるのは当然のことである。その際に、お互いが自分の気持ちを相手に伝えずに我慢するのではなく、上手な夫婦げんかをすることによって、夫婦関係をより親密にさせたり、子どもにけんかのモデルを示すことができるようになる。心理学者の徳田克己は、子どもにストレスを与えない上手な夫婦げんかのポイントについて、次のことを挙げている。

① 自分のことを相手にわかってもらうという意識をもつ
② 相手を征服しようと考えない
③ けんかの後に仲直りをしたところを子どもに見せる
④ 子どもをけんかに巻き込まない

日本には昔から「以心伝心」という言葉があるように「言わなくてもわかってもらえる」という勘の力を重視する考えがあり、結婚期間が長くなるにつれてそれに頼る傾向がある。しかし、お互いの気持ちのズレや態度の変化は、黙っていてはわからないものである。気がついたときには大きな不一致が生じていることにもなりかねない。夫婦間の考え方のズレを小さいうちに修正し、活発なコミュニケーションをとることが必要となる。そのコミュニケーションの手段として上手な夫婦げんかを取り入れてみるのもよいのではないだろうか。

(2) 離婚

最近では、**離婚**は珍しいことではなくなってきている。離婚総数は、1960年では6万9千件であったのが2015年には22万6千件まで増加している。また、「離婚は一概に避けるべきもの」という考えが少なくなりつつある。世論調査の結果から、「結婚しても相手に満足できないときは離婚してもいい」と考える人の割合が年々増加し、平成21年では全体で50%にものぼっている。この考えは特に30代から50代までの女性および50代の男性に多く支持されている。最高裁判所事務局の調べでは、離婚の原因としては「性格の不一致」を挙げている者が男女ともに最も多く、これは過去40年間変わらない。最近の傾向では、男女ともに「精神的虐待を受けた」ことを挙げる者が増え、逆に「両親との同居に応じない」、「家族・親族と折り合いが悪い」などの本人以外の血縁関係での問題を挙げる者が少なくなっている。つまり、愛情喪失による心理的問題によって離婚に至っている者が多いのである。

夫婦の間では程度の差こそあれ、お互いがぎくしゃくしたり、一緒に過ごしたくないと思ったりする状況に陥ることも珍しくない。多くの場合、夫婦間でコミュニケーションを図ったり、個人的努力をすることによって状態を回復し、問題を解決している。また自力では解決できないときに、親族や友人、相談機関などに相談したり助言をもらったりして解決している場合がある。しかし、夫婦の間で自主的に解決しようとする意欲や努力が不足していたり、第三者が介入しても効果をもたらさないほどの状態になっている場合には離婚に至ることになる。なかには、離婚をすることで夫婦の一方、もしくは双方の自由や人権、人間性が救われ、適応という点から考えると適切ともいえる場合がある。

いずれにしても離婚には、本人同士の精神的負担や苦痛が伴うことは避けられないことであり、また子どもへの影響も大きい。離婚調停中の夫婦の中には、相手の悪口を子どもに吹き込んで自分の味方につけようとしたり、子どもに「離婚した方がいいかどうか」の相談を持ちかけて、精神的負担をかけている者がいる。離婚の際の子どもへの影響を十分に配慮し、子どもへの負担を最小限に食い止めるように努力しなくてはならない。

第4節　高齢者と家族

1．祖父母と孫の関係

(1) 祖父母にとっての孫、孫にとっての祖父母

現代社会は変化があまりに急激であるため、祖父母の時代に有効であった知識や技術が現代には陳腐(ちんぷ)化したり、通用しなくなったりしてくる。そのために、祖父母から孫に伝承する習慣が急速に薄れつつある。祖父母と孫の関係のありようが大きく変化してきているのである。

祖父母にとって孫の誕生は、中高年期の数少ない大きなライフイベントであり、なおかつ祖父母が孫の存在を否定的にとらえることは少ない。高齢者福祉の専門家である湯沢雍彦(やすひこ)の調査で、8割以上の祖父母が「孫のいるおかげで生きていてよかったと思える」と回答していることからも、孫の存在は祖父母の精神的健康に大きく貢献していると言える。

一方、孫にとって祖父母は両親とは違う「甘えられる」存在であることが多い。育児の最終的責任は子どもの両親がとり、祖父母は責任があまりないため、孫を甘やかしてしまうのである。昔から「年寄りっ子は三文安い」ということわざがあるが、祖父母に甘やかされて育った子どもはわがままであったり、ひ弱であったりするとも言われている。

(2) 祖父母の役割

① 伝統文化の継承

かつては伝統文化や風習、家風などを次世代に伝えることが祖父母の重要な役割であったが、先にも述べたようにこれらの伝承の多くはそのままでは時代にそぐわず、その意味で祖父母の役割が減少していると言える。しかし、祖父母が長年の生活から見い出した知恵や生き方、昔の生活の様子、戦争のこと、伝統行事、伝統的な遊びなどを子孫に伝えていくことには、価値観や時代を超えた大きな意義がある。

② 子育て役割としつけ

いつの時代も祖母には孫の世話をする役割が期待されてきた。現在では、退職後の祖父も若夫婦の子育てに協力して、孫の面倒をみるようになってきている。しかし、祖父母と若夫婦の間で育児観や育児方法の違いが生じる場合がある。表面上は子どもの育児をめぐって対立することは少ないが、双方、特に嫁・姑、あるいは母親・娘の間に葛藤が起こっている場合が多い。

③ 経済的支援

現代の子どもは、祖父母をお小遣いやプレゼントをくれる存在として認識していることが多い。祖父母も孫の喜ぶ顔を見ることがうれしくて、ついつい財布のひもがゆるんでしまうのである。最近では、祖父母に経済的なゆとりのあることを反映して、祖父母が孫のためにする支出や消費が増えている。特に、高価な物（おもちゃ、服、学習机など）を祖父母が購入することが多いと言われている。

2．嫁と姑の関係

今から約50年前に心理学者の増田光吉が行った調査では、多くの嫁は、①朝は一番に起き、夜は一番遅く寝なければならない、②風呂は一番あとに入る、③よそへ客として行く場合には、姑（しゅうとめ）の許可がいる、④気まずいことで何度も泣いたことがある、⑤すこしでものんびりしていると、遊んでいると悪く言われるなどのことを毎日のように経験し、悩んでいることが明らかにされている。また、同じ調査で、姑と意見が対立した場合には、自分が折れたり、がまんして従ったりすると答えた嫁が約7割と多数を占め、多くの嫁は姑に対して忍従していたことがうかがえる。現在でも嫁姑関係は、家族関係の中で最も順応の困難な関係であると考えられている。しかも、戦前は嫁いでから姑との関係を続けるのは平均10年～12年間であったのに対して、最近では寿命の著しい伸びによってこの関係が30年以上続く場合も少なくない。ちなみに、舅と嫁は異性であるため、対立することはあまりない。

現代の女性は過去の女性に比べて自己を表現し、夫婦中心の生活を確保しようとする傾向がある。一方、姑は女の生きがいは「結婚して夫を愛し、子どもを育てることだ」と長年信じてそれを貫き通し、現在に至っている者が多い。そのような姑のところへ嫁がやってきて、姑の考えを古いと批判すれば、摩擦が起こるのも当然であろう。

現在の嫁・姑の不和が生じる原因として、従来からの姑が自分の立場を嫁より優位な位置におき、一家の主婦権を握っている場合と、嫁の勢力が強く姑の気持ちをくみ取ろうとしないで行動する場合の2つが考えられる。また、姑にとって嫁は自分の息子を奪ったライバルとして受け取られることもある。

嫁・姑関係をうまく保つためには、お互いに相手の文化を認め合い、双方の意見を尊重しあう必要がある。また、お互いに干渉しないように十分に気をつけなくてはならない。さらに、同居をする必要がある場合は、家計管理や経費の分担を明確にしたり、仕事や活動の分担と責任を明らかにしておくことが大切である。嫁・姑の関係が悪化するか否かは、間に立つ夫の態度によるところが大きいが、嫁・姑の紛争から目をそむけたり、逃避する夫も少なくないのが現実である。

3．老親と家族の関係

(1) 老親との同居とその問題点

三世代同居が減り、独居や夫婦だけの生活をしている高齢者が増えている。子どもと同居する場合は、今なお伝統的な直系家族的な意識が残っているため、長男夫婦と同居している割合が高いが、最近徐々に娘夫婦と同居するケースが増えている。息子と同居する場合、日常の接触が多いのは息子の妻、つまり嫁であり、いわば他人である。食事内容や生活習慣などが違い、お互いに理解することに困難が生じることがある。しかし、血のつながった娘は、食の好みから生活習慣、性格においても共通する部分が多く、気兼ねなくつき合え、コミュニケーションを図ることも容易である。この点の理由から娘夫婦との同居が増えてきているのである。

現在では、老親が健康でいる間は子ども夫婦と別居するが、老親のどちらかが介護が必要な状態になった場合や、夫あるいは妻と死別して単身になった場合に子どもと同居することがある。このような同居は、老親にとっては高齢になってからの環境の変化であるため、適応するのに非常にストレスを感じる。逆に子ども夫婦や孫にとって、精神的にも金銭的にも負担がかかるという思いから同居の高齢者を厄介者として扱うことがある。

また、老親扶養をめぐってきょうだいが争いあうことも少なくない。扶養によって生じる精神的、身体的、経済的負担を避けるために扶養を拒否したり、きょうだいで押しつけあったりするケースとその逆に老親の扶養をすることによって遺産相続を有利にするために同居や介護を主張するケースもある。

(2) 家族介護と家族関係

現在、わが国の高齢者福祉制度は在宅福祉の考えを中心として展開されている。「住み慣れた家で、家族による介護や世話を受け、畳の上で死ぬ」ことを一種の理想と考えている高齢者は少なくない。

在宅での主な介護者は「夫または妻」、「娘」の順に多い。「夫または妻」だけでなく「娘」に至っても高齢であることが多く、いわゆる老老介護という問題がある。一般に家族で介護する場合、介護者には食事や排泄、入浴などの身体的負担や経済的負担、精神的負担がかかることなどが問題として挙げられている。高齢者福祉の専門家である新道貴子が調査した結果によると、自宅で介護するためには、①家族の中でだれか一人（介護に中心的に携わる人）が、仕事や家事に従事しなくてもよい余裕が少しでもあること、②家庭の中でも外でもその介護を一時的に代わってくれる人がいること、③うまく利用できる医療や福祉サービスがあり、それらとの連携がうまくとれていることが条件として整っていることが必要であるとしている。

現在、多くの寝たきり、認知症の高齢者が在宅で介護されており、介護負担の重さに動揺する家族の実態が数多く語られている。いまだ福祉のお世話になることを「恥」と考える人が多く、介護を家族内だけで解決しようとしてしまうことが介護を家族の負担にしてしまうことになる。介護を家族内だけの問題として考えず、社会資源をうまく活用していくことが今後さらに必要とされる。

第4章　友人、恋愛

第1節　友人

1．友人とは

人生ではじめての友だちができるのは幼児期である。この時期の子どもの最初の遊び相手は親であるが、それは年齢とともに友達へと移っていく。発達心理学者のパーテンによれば、2、3歳頃までは、他者の相互作用のない一人遊びや、傍観者的遊び、並行遊びが多く見られるが、3、4歳以降には子ども同士で遊ぶ連合遊びや一緒に何かを作ったり、ルール遊びなどの協同遊びが多く

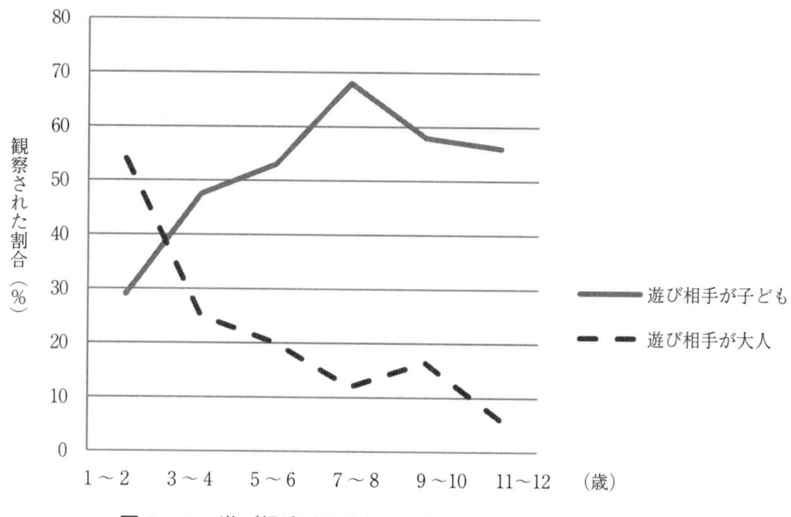

図4―1　遊び相手が子どもの場合と大人の場合の年齢的変化
（Elis, at. al, 1981をもとに作成）

なる。このように幼児は遊びを通して、友だちとの関わりを経験していく。

(1) 友人関係

友人はひとが成長していく上で大切な存在である。それでは、友人関係とはどのような関係を指すのだろうか。心理学者の高坂康雅は、友人関係とは、血縁関係はなく、関係の開始も終わりも互いの意思確認は曖昧(あいまい)であり、社会的責任は生じない、一対複数を基本とする関係であると述べている。友人関係の特徴は、共有性（何かを共有していること）、対等性（互いの立場が対等であること）、自発性（自ら関係をつくっていること）にあるとされる。

友人関係が成立する要因には、同じ学校などの相互的接近要因、おもしろい、親切であるといった情緒的要因、尊敬するといった人格的要因がある。学齢期の子どもが友人を得るきっかけは学校が多い。内閣府の2010年の調査結果では、友人を得たきっかけは小学生から大学生の全ての段階で「今の学校の友達」が90％程度で最も多く、次いで「以前の学校の友達」であった。友人の数については年齢による違いがみられる。親しい友人の数は、小学生では３～５人、あるいは６～９人が多く、中学生では20人以上、高校生、大学生では６～９人が多くなっている。親しい友だちがいないという者は、ほとんどいなかった。

一方、友人よりも親しい特別な存在は親友と呼ばれる。親友の数は年齢が上がるにしたがい減少する。このことは、親友に求める条件が限定されていくからである。最近では、男子大学生の親友の数が増加傾向にあるとの報告がある。これは男子大学生の親友の概念が変化したためであると考えられる。

(2) 友人に求めるもの

同性の友人に対して求めるものには性差があることがわかっている。日本性教育協会の2013年の調査では、女性は同性の友人には自分と同じように物事について感じてもらいたいと思う（情動）のに対して、男性は同性の友人には自分と同じことをすることが好きな人を選ぶ（手段）ことが多い。これまで、友

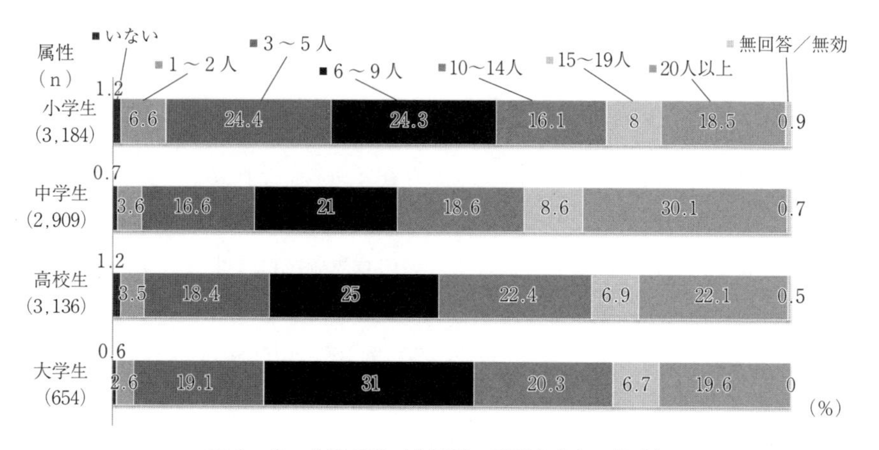

図4―2　友達の数（内閣府、2010をもとに作成）

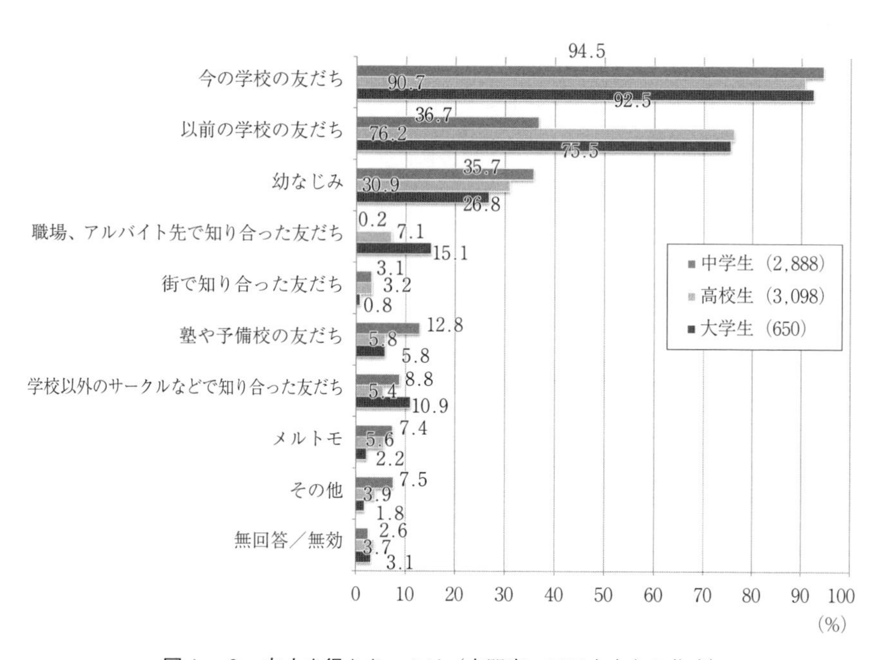

図4―3　友人を得たきっかけ（内閣府、2010をもとに作成）

人関係とは同性の友人関係をさすことが一般的であったが、最近では異性を含めて考えられるようになっている。実際には、中学生、高校生、大学生のいずれも約70％が異性の友人がいる。

２．友人とのつきあい方

友人とのつきあい方にはどのような形があるだろうか。また年齢による違いはあるのだろうか。心理学者の落合良行らは、友人との付き合い方を６種類に分類した。

① 本音を出さない自己防衛的なつきあい方

② 友だちと同じようにしようとする同調的なつきあい方
（友だちの興味・関心、行動に合わせようとする）

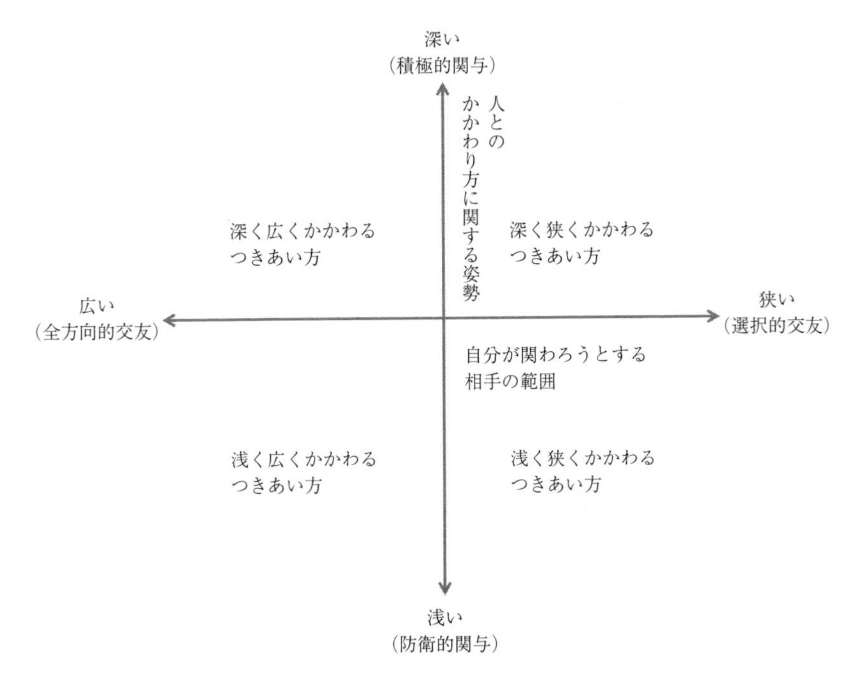

図４―４　友達とのつきあい方を構成する２次元とつきあい方の４パターン
（落合・佐藤、1996をもとに作成）

③　誰とでも仲良くしていたいと願う全方向的なつきあい方
④　自分が理解され、好かれ愛されたいと願うつきあい方
⑤　自分に自信をもって友だちと向き合えるつきあい方
⑥　自分を出して積極的に相互理解しようとするつきあい方

さらに、友人とのつきあい方を関わりの姿勢と関係の範囲の視点から分析し、「深く広くかかわるつきあい方」、「深く狭くかかわるつきあい方」、「浅く広くかかわるつきあい方」、「浅く狭くかかわるつきあい方」の４つのパターンを示した。４つのパターンを年齢別にみると、中学生では浅く広くかかわるつきあい方が多く、高校生では深く広くかかわるつきあい方が多い。また大学生では深く狭くかかわるつきあい方が多い。青年前期に見られる浅く広くかかわるつきあい方は年齢とともに減少していき、青年期の終わり頃になると、多くの青年は友人と深く狭くかかわるつきあい方をするようになる。深く広くかかわるつきあい方はちょうどこの中間の変化の過程の時期に見られる。

３．友人グループの発達的変化

児童期中期から青年期にかけては、複数人で構成された友人グループで行動することが多くなる。この友人グループには、ギャング・グループ、チャム・グループ、ピア・グループという３つの分類があり、年齢とともに変化する。児童期中期から後期（小学４～６年生）はギャング・グループ、青年前期（中学生）はチャム・グループ、青年中期から後期（高校生）はピア・グループがそれぞれ多くなる。

(1) ギャング・グループ

ギャング・グループは児童期中期から後期にみられる同性の同年齢児で構成される友人グループである。このグループは、友だちと同じ行動をともにして一体感を求めることや力関係による役割分化が見られることが特徴である。発達的には、このようなグループメンバーとの強い結びつきによって、この時期に生じる親から自立しようとする際の不安を和らげるとも言われる。性別では

男子に多くみられる。

(2) チャム・グループ

チャム・グループは、児童期後期から青年期前半にかけてみられる友人グループを指す。このグループは、興味や関心などの互いの共通点について、言葉で確認するような会話を多くする特徴がある。例えば、同じ興味・関心について情報交換したり、秘密を共有したり、互いが同じ価値観や感情を持っていることを確認しあったりする。「私たちは同じ」という一体感の強さから、仲間への絶対的な忠誠心が生まれる。異質なものを認めないことから、仲間はずれやいじめの問題が生じることもある。性別では女子に多くみられる仲間集団である。

(3) ピア・グループ

ピア・グループとは、青年中期から後期にみられる仲間集団である。このグループの特徴は、内面的にも外面的にも自立した個人として互いの違いを認め合う関係性にある。高校生の友人関係では、お互いの趣味や将来のこと、価値観などの話題を通して、仲間と異なるところに気づき、尊重し合うことができる関係へ成長していく。このような関係は、アイデンティティ形成にも重要な意味を持つ。近年、グループメンバーの異質性を認めることができず、年齢が上がってもチャム・グループにとどまる場合が見られるようになり問題になっている。

4. 青年期の友人関係

(1) 友人関係の機能

青年期の友人関係は、幼児期や児童期に比べ、親密さが増してより深い関係が求められるようになる。青年期は、第2次性徴などに伴う心身の変化とともに、親から独立し自己形成や自立性を確立する時期である。この時期の変化は不安や恐れを伴うため、青年期には考えを語り合うことができる友人が必要になる。

社会心理学者の松井豊は青年期の友人関係が社会化に果たす役割として、友人関係の機能を3つに分類している。第1の機能は安定化の機能である。友人に自分の内面について話すことで、不安を緩和したり、悩みを解消したりする。また友人との遊びを通して、ストレスを発散して精神的安定を得ることができる。第2の機能は社会的スキルの学習の機能である。青年は友人とのつきあいを通して、相手の気持ちへの配慮や適切な関係の取り方を学ぶ。第3の機能はモデル機能である。友人は自分と多くの共通点をもつ身近な存在であり、意識的にあるいは無意識的に友人は自己の行動や自己の考え方のモデルとなる。

(2) 希薄化

最近、青年期の友人関係が希薄化したと言われる。希薄化とは友人関係が浅く、表面的になったことを意味する。しかし、友人関係の調査をしてみると、実際には最近の青年が場面や状況、相手と扱う内容において友人を使い分けるようなつきあい方をするようになったため、友人関係が希薄になったように見えるのではないかと言われる。これは友人関係の選択化と呼ばれ、現代の青年の比較的多くがこのような選択的な友人関係を持っているとされる。

友人関係の希薄化を携帯電話やSNSなどのコミュニケーション・ツールの影響とする考えがあるが、携帯電話の使用がより密着的な友人関係を促進するという研究結果もある。社会学者の土井隆義は、「空気を読め」といった表現にもあるように、現代の若者は対人関係が希薄化したのではなく、かつてよりも高度で繊細な気配りにエネルギーを費やしているのだと述べている。

5. 大人の友人関係

大人にとっても友人関係は充実した生活を送る上で重要な意味を持つ。特に高齢者にとっては、頻繁に会う日常的な友人とめったに会わない昔からの友人は両者とも大切である。高齢者の日常的な友人関係は、近所の友人たちと趣味や娯楽の活動にいそしむ娯楽的なつきあいであるが、たまにしか会わない昔から自分のことを知っている友人の存在は、それまでの自分の人生の意味を再確認する上で重要な意味を持つ。

第2節　親密な関係

1．親密化

(1) 対人関係の親密さ

ひとはどのように他者と親しくなるのだろうか。自分と他者とがお互いに親しくなっていく過程のことを**親密化過程**と言う。レヴィンジャーとスヌークは、対人関係の親密さを4段階に分類した。それによれば、水準0は、相手の存在さえも気づいていない相互未確認段階である。同じ学校であったり、近所に住んでいるなどの2人の物理的な距離が近いと、一方的な気づき段階である水準1に進展する可能性が高くなる。外見、性別、年齢などから形成された印象が良い場合、水準2の表面的接触段階へ進展する。ここでは挨拶などの形式的なコミュニケーションが中心となる。この水準でのコミュニケーションを通して関心が高まると水準3の相互接触段階へ進展し、互いの自己開示と情報の共有により、浅い関わりから次第に親密で深い関わりに進展していく。

(2) 親密化の三位相説

社会心理学の下斗米淳は、ひとが親密になる過程について、**親密化の三位相説**を唱えた。初対面の人同士に親密な関係を築こうという主体的な気持ちがある場合、まず自らのことを語りつつ相手のことを知る自己開示の位相があり、つづいて両者の似ているところや違っているところを明確にする類似・異質性認知位相へと進む。さらに親密な関係を維持するための役割行動の分担と遂行位相を通じて、対人関係上の課題解決がなされる。これらの位相・周期の働きによって親密な対人関係が作り出されていくという説を親密化の三位相説という。

ひととの関係を築くことに困難があるために、友達ができなかったり、仲間からはずれてしまったり、親密な関係を保てずに人間関係に困難が生じて悩んでいる人たちがいる。その要因の一つとして、社会的なスキルが未熟であったり、未学習であったりすることが指摘されている。その場合の支援として**ソーシャルスキルトレーニング（SST）**や**アサーショントレーニング（主張性訓練）**がある。

ソーシャルスキルトレーニングの一般的な手順は次の通りである。

① 教示：そのスキルの必要性や、そのスキルの効果を言葉や絵カードなどを用いて説明して教える。

② モデリング：手本となる他者の振舞い（スキル）を見せて学ばせる。または不適切な振舞いを見せてどこに間違いがあるかを考えさせる。

③ リハーサル：スキルを先生や友達を相手にして実際に練習する。主にロールプレイングの手法が用いられる。

④ フィードバック：行動や反応を振返り、それが適切であればほめ、不適切であれば修正の指示をする。

⑤ 般化：教えたスキルが指導場面以外の場面（時、人、場所）でも発揮できるようにする。

例えば小学生の場合、「友達作り」、「相手の気持ちを考える」、「自分の気持ちを伝える」、「感情のコントロール」といったテーマを段階的に設定して進めていく。社会心理学者の相羽美幸らは、恋愛のスキル改善のための男性用恋愛スキルトレーニングプログラム作成し、スキルトレーニングによって社会的スキルや恋愛有能感（異性交際や恋愛開始場面における異性からの人気や魅力に関する自身の能力への自信）が高まることを確かめた。

ソーシャルスキルトレーニングのような本人への直接的な訓練のほかに、身近な場所に同年齢の者同士が集うことのできる居場所づくりをし、自然な状況の中で他者との関わりを持ったり、絆を深めるような環境整備が学校や地域で実践されている。

第3節　恋愛

1．恋愛とはなにか

(1) 愛の三角理論

ひとを愛することは、全ての人にとって自由であり、その形もさまざまである。デイビスらは、友情と恋愛を比較し、恋愛は友情の特性に情熱と世話が加わったものであると述べた。心理学者のスタンバーグは恋愛について、**愛の三角理論**を提唱した。それによれば恋愛は**親密性、情熱、コミットメント**の3つの要素で構成されるという。親密性とは互いの親しみの深さ、情熱とは性的欲求を含む興奮の強さで、互いが夢中になっている度合いである。コミットメントはお互いがどれくらい離れられない関係であるかという関連の強さを表す。

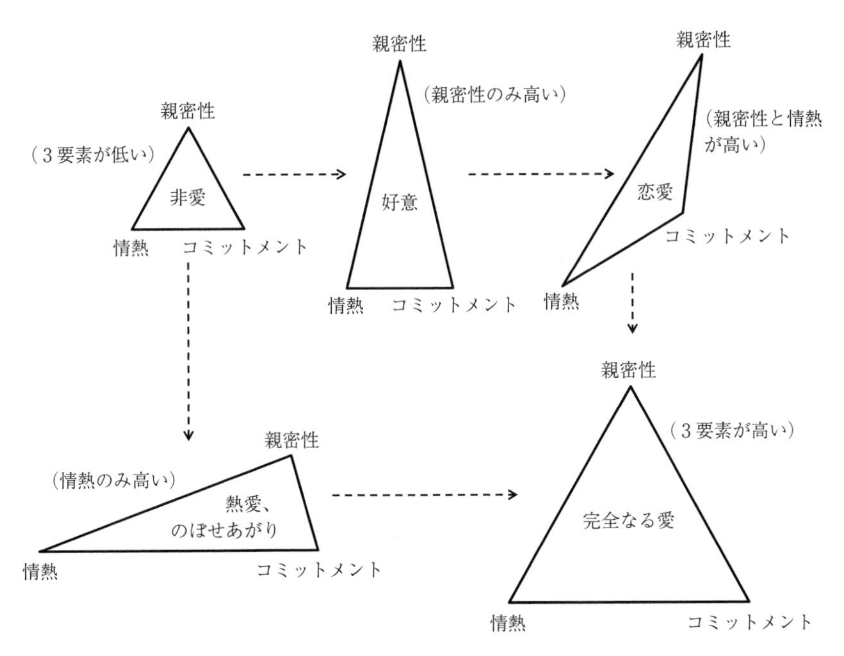

図4―5　愛の三角理論（Sternbeng, 1986をもとに作成）

これらの要素の強弱の組み合わせにより愛情は８つのタイプに分類できる。図４―５に示した５つのタイプのほかに、性急な愛（情熱とコミットメントが高い）、友愛（親密性とコミットメントが高い）、冷めた愛（コミットメントのみ高い）がある。なお、３つの要素のうち、親密性とコミットメントが恋愛関係の良好さと関連する。

（2）色彩理論

心理学者のリーは、恋愛には色彩と同じように多様な種類が存在するとし、**恋愛の色彩理論**を提唱した。恋愛の種類であるラブスタイルは６種類ありその基本形はエロス（美への愛）、ストルゲ（友愛的な愛）、ルダス（遊びの愛）の３つである。他に混合形のマニア（熱狂的な愛）、アガペー（献身的な愛）、プラグマ（実利的な愛）がある。スタイル別の傾向としては、エロス型の人は自分の恋愛に満足しやすく、ルダス型の人は不満足なことが多いと言われる。色彩理論では、どのラブスタイルが良いということはなく、実際の色彩と同様に多様である。また当てはまるラブスタイルは一つとは限らない。

表４―１　恋愛の色彩理論おけるラブスタイル

エロス （美への愛）	恋愛を最高のものと考える恋愛スタイル。ロマンティックな行動を取りやすく、初期の関係で相手と親密になることを望み、長期的で良好な関係が期待できる。
ストルゲ （友愛的な愛）	穏やかで友情的な恋愛スタイル。長い時間をかけて愛が生まれるという考えを持っており、比較的安定した関係を持続させることができる。
ルダス （遊びの愛）	恋愛をゲームとしてとらえ、自分の楽しみを優先する恋愛スタイル。同時に複数の相手と恋愛できるが、プライバシーを侵害されることを嫌い、安定した関係を望まない。
マニア （熱狂的な愛）	独占欲が強く、相手への執着が強いなどの特徴をもつ恋愛スタイル。関係を安定させることができないことや、相手の長所を過大視する傾向がある。
アガペー （献身的な愛）	相手を中心に考え、相手のためなら自分を犠牲にすることをいとわない恋愛スタイル。相手に対して親切で、見返りを要求しない傾向が強い。
プラグマ （実利的な愛）	恋愛を自分の地位の向上などの手段として考える恋愛スタイル。社会的地位や経済力などの基準によって相手を選び、恋愛にロマンスを持ち込まない。

（Lee, 1988をもとに作成）

(3) 青年・成人期の愛着理論

心理学者のハザンとシェイヴァーはボウルビィの愛着理論に基づき青年・成人期の愛着理論を提唱した。それは、乳児期の養育者との愛着関係を通して形成された、自己や他者への信念や期待が、青年期・成人期の恋愛の捉え方に影響を及ぼすと考える理論である。

青年期・成人期の愛着スタイルには、安定型、とらわれ型、回避型、おそれ型がある。安定型は、恋愛関係で幸せを感じやすく、相手を信頼している。愛は長く続くものと考え、恋愛関係に過度に依存しない。とらわれ型は、恋愛に極端に依存し、相手から見捨てられるかもしれないという不安感を抱く。愛は長く続かないと考える。回避型は、自分にとって恋愛はあまり必要でないものと考える。相手と親密になることを不快に感じ、回避しようとする。おそれ型は、相手から拒絶されることを恐れて、恋愛関係を回避する傾向がある。不安になりやすく、相手を信頼することができない。

心理学者のブレナンらは**親密性の回避**（他者と親しくなることの回避、他者に心を開くことの拒否）と**見捨てられ不安**（他者から見捨てられることへの不安）という2つの軸で青年期・成人期の愛着スタイルを分類した。それによると、青年・成人期の愛着スタイルは、見捨てられ不安と親密性回避がともに低い安定型、見捨てられ不安が高く、親密性回避が低いとらわれ型、見捨てられ不安は低く、親密性回避が高い拒絶・回避型、見捨てられ不安と親密性回避がともに高いおそれ型の4類型に分類される。安定型の者は、他の愛着スタイル型の者と比べて、恋愛関係が長期間持続しやすい。また、拒絶・回避型の男性は関係の崩壊に際してあまり苦悩していない傾向がある。

2．恋愛関係の過程

(1) 恋愛の進展過程

恋愛関係はどのように進展していくのか。心理学者の松井豊は、恋愛行動の進展を5段階に分けている。図4―7の通り、恋愛行動は、開示行動、共同行動、性行動、葛藤行動の4つの領域が時間とともに順に各段階へ移行してい

表４―２　愛着関係からみた親子関係と恋愛・夫婦関係の共通項

	愛着関係	
	子どもと養育者との関係	恋愛関係、夫婦関係
親近性の探索	親に近づいて身体的な接触を求める、またそれを維持しようとする。	恋愛相手や配偶者を抱きしめたい、ふれたいと思う。またそれを心地よいと思う。
安全な避難場所	不安や危険を感じた時に親から安心感を得ようとする。	ストレスや悩みがある時に恋愛相手や配偶者から慰めてもらおうとする。
分離苦悩	親から離れることに泣く、叫ぶなどの抵抗を示す	恋愛相手や配偶者と長い間会えないと辛い思いをする。
安全基地	親から安心感を得ることで、他のことに興味をもったり、遊びが活発になる。	恋愛相手や配偶者から信頼や安心感を得ることで、仕事や勉強に集中できる。

（Shaver & Hazan, 1988をもとに作成）

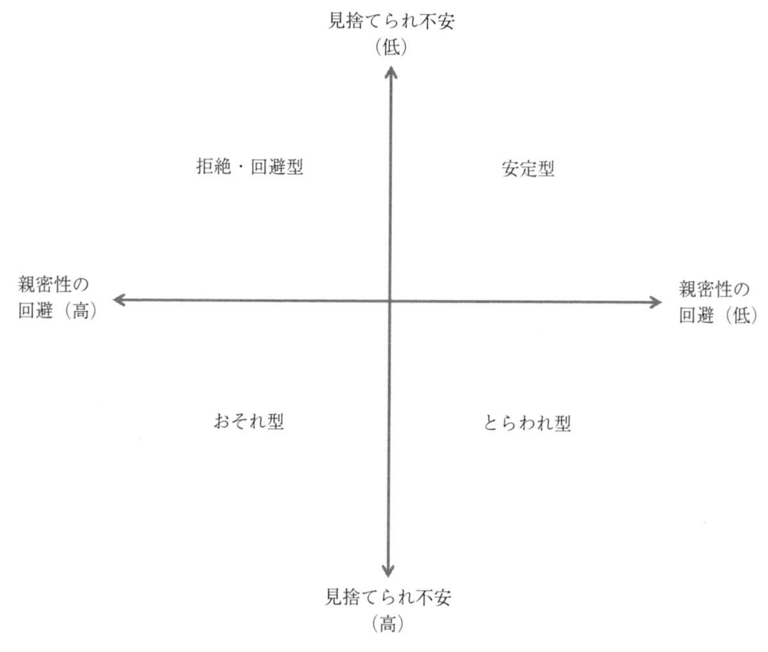

図４―６　青年・成人期の愛着スタイルの４類型
（Hazan & Shaver, 1987をもとに作成）

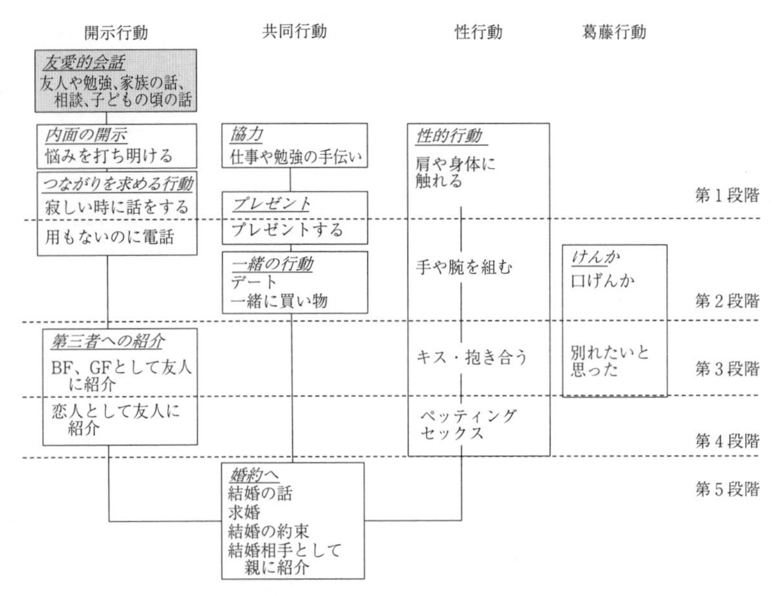

図4—7　恋愛の進展過程（松井、2006をもとに作成）

く。この恋愛行動の進展は時代により変化している。例えば、携帯電話の普及により「用もないのに電話する」という行為は以前に比べて第一段階に近づいている。また性に対する意識の変化から以前に比べて早い段階での性行動の経験率が上っている。

(2)　恋愛によって生じる変化

心理学者の高坂康雅は、恋愛関係の影響として、青年の恋愛によって生じる心理的な変化と実生活の変化を整理して説明した。恋愛の影響には、3つの肯定的な影響と4つの否定的な影響があるという。肯定的な影響とは、①自己拡大（興味や関心の幅の広がりや意欲の高まりが生じる）、②充足的気分（幸福感や楽しさ、安心感などが生じる）、③他者評価の上昇（友だちから今までよりよい評価が得られる）である。一方、否定的な影響とは、①時間的制約（自分ひとりの時間がなくなる）、②経済的負担（デート等でお金がかかる）、③他者交流の制限（友だち、特に異性の友達と遊びに行きにくくなる）、④関係不安（嫉妬や漠然とした別れへの不安を感じる）である。

(3) 青年期の恋愛関係と成人期の恋愛関係

青年期は、自己のアイデンティティを他者からの評価によって自覚し、補強しようする点に特徴がある。例えば、相手からの賛美、賞賛を求めたがったり、相手からの評価が気になったりする。また自分に自信が持てない状況で相手と親密になろうとするため、自分がだんだんなくなるように感じて息苦しくなったり、不安を感じたりする。さらに相手から嫌われることは、自分自身の基盤を揺るがすことにつながるため、相手の挙動に目が離せなくなる。結果として、交際が長続きしない。

心理学者の高坂康雅は青年期から成人期に至る恋愛の変化をエネルギーのやり取りの視点から説明している。青年期の恋愛関係は、自分のアイデンティティ形成・維持に必要なエネルギーが足りないため、恋人からそのエネルギーを奪いとる「自分のための関係」である。成人初期には自分のためのエネルギーの奪い合いはなくなり、「相手のため関係」へ発展する。そして成人期になると「子どものための関係」に発達していくとされる。

(4) 恋愛関係の維持

現在の恋愛関係が今後進展し、持続するかどうかを予測できるのだろうか。社会心理学者のルイスは、恋人同士の二者関係が進展し持続するための６つの要因を見出した。それは①類似性の認知（価値観、興味、関心などについて、ふたりの共通点を認識する）、②二者間の意思疎通（楽しい経験などを共有する）、③自己開示（自分の感情・経験・人生観などを包み隠さずに話し、互いの秘密を分かち合う）、④正確な役割実現（互いの足りない部分を補い共に助け合うためにそれぞれの役割に沿った行動を取る）、⑤適切な役割の付与（その役割がうまくかみ合っている）、⑥結晶化（二人で一つの単位として行動し、ペアであるという認識を持つ）である。①から⑤までの５要因の程度が高いほ

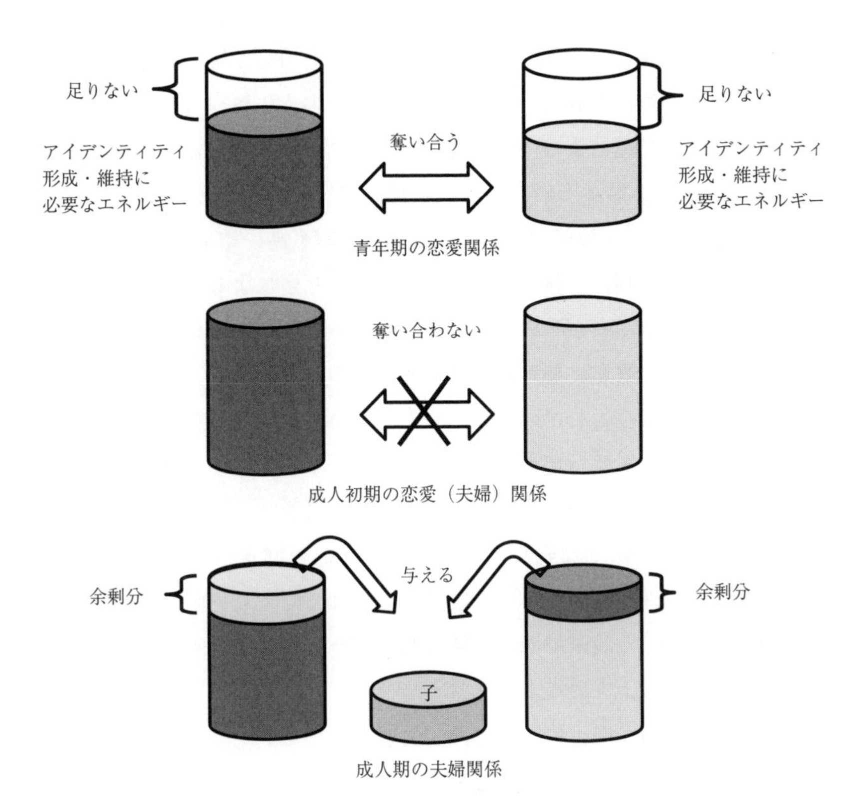

図4―8　エネルギーのやりとりからみた青年期・成人初期・成人期の恋愛関係・夫婦関係
（高坂、2016をもとに作成）

ど、その後の二者の関係は進展し持続することを明らかにした。

3．恋愛関係の終わり

恋愛に始まりがあるように終わりもある。別れ、つまり恋愛関係の崩壊の形態には、自分から望んで別れる、相手が関係解消を望んで別れる、両方からなんとなく別れる、あるいは自然消滅する場合がある。何らかの形で恋愛関係を解消した場合、その感じ方や後の行動には男女で違いがある。

心理学者の松井豊は、別れの形態について調べたところ、「自分が別れを切り出した」とする回答が多かった。類似の調査でも自分が別れの主体であると思いたがる傾向が報告されている。これは「自分の人生は自分で決めていると思いたい」という願望によって考え方が歪められた現象によるものと考えられる。別れの主導権を男女別にみると、女性のほうが「自分が別れを切り出した」と思う率が高く、「最終的に別れを決めた」率も高い結果となった。

失恋からの回復過程は、精神分析学者のボウルビィによる**悲哀の４段階**にもとづいて説明されることが多い。第１段階の無感覚・情緒危機の段階は、恋人の喪失による混乱や興奮に襲われる情緒的危機の段階であり、冷静な思考力や適切な判断力をほぼ喪失している状態である。第２段階の思慕と探求・怒りと否認の段階は、恋人を失ってもまだあきらめきれず、分離不安にある段階である。第３段階の断念・絶望の段階は、恋人を永久に取り戻せないという現実を認める段階である。深刻な悲哀・悲嘆の感情反応や抑うつが起こることがある。第４段階の心理的離脱・再建の段階は、それまで愛着を感じていた恋人から心理的に離れていく段階であり、精神的にリラックスし執着心がなくなり柔軟な感覚を味わえるようになる。

失恋からの心理的な回復については、失恋コーピングやソーシャルサポートの点からの研究がある。**失恋コーピング**とは、失恋よるストレスや問題に対して何らかの対処行動をとり、ストレスを適切にコントロールすることである。失恋コーピングには、未練型コーピング（失恋相手との別れを後悔する）、拒絶型コーピング（失恋相手を憎んだり、無理やり忘れようとする）、回避型コーピング（失恋に対する肯定的解釈、別の異性への置き換え、気晴らし）がある。

失恋からの立ち直りを示すものとして失恋相手からの**心理的離脱**がある。未練型コーピングや拒絶型コーピングは、相手への執着があり、失恋のストレス反応を増加させ、回復期間を長引かせる。一方、回避型コーピングは失恋に対して効果的なコーピングであるとされる。なぜなら、失恋は恋人との「戻ることのできない別れ」というコントロール不可能な状況であるため、回避的な考え方が心理的離脱に有効となるのである。また、失恋後にいろいろな人から情緒的サポートを得られる人は、それを友人などの特定の関係からしか得られない人よりも、関係崩壊後の立ち直りが良好である。

4．性の多様性

最近、日本でも**セクシャルマイノリティ**（**性的少数者**）について広く認知されるようになり、以前に比べて同性間での恋愛関係が少しずつ受容されるようになってきている。

LGBTは4つの言葉の頭文字である。Lは**レズビアン**（女性の同性愛者）、Gは**ゲイ**（男性の同性愛者）、Bは**バイセクシュアル**（両性愛者）、Tは**トランスジェンダー**（心と体の性が一致しない人）を意味する。このほかに、セクシャルマイノリティには、身体的に男女の区別がつきにくいインターセックス、無性愛者であるアセクシュアル、自分の性別や**性的指向**に確信がもてないクエスチョニングなども含まれる。性的指向性とは、性的な興味、感心、欲望の対象が異性、同性、あるいは両性のいずれに向いているかという性的対象選択である。同性愛に関する偏見や差別によって苦しんでいる人やからだの性とこころの性との違いに悩んでいる人がいる。ひとを愛する自由は全てのひとにある。他の国と同様に日本でも、こうした性的指向や性自認への高い受容性のある共生社会が望まれる。

第５章　子ども

第１節　乳児期

１．乳児期の発達の特徴

乳児期とは０歳から１歳になるまでを指す。乳児期は、心身ともに非常に変化の大きい時期である。特に、乳児期は母親の胎内から外に出て、外の世界に適応していく時期である。

(1)　乳児の身体面の発達

人間は体重3,000g、身長50cmで生まれ、乳児期の１年間に身長は1.5倍、体重は２倍に成長する。この間に首が座り、寝返り、お座り、ハイハイ、つかまり立ちができるようになるというように、身体的にめざましく発達する。

(2)　感覚の発達

感覚のなかでも、目の前の人やものを認識するために重要な役割を果たすのが聴覚と視覚である。聴覚は、胎児期から発達を始めており、妊娠７ヶ月のころには、母親の声や母の体内で発生する音、外から聞こえる音も認識することができる。生まれてからも、声で母親と他の人とを区別することができる。

視覚の発達は、乳児期から８歳頃まで続く。生まれたばかりの新生児期の視力は0.02程度であり、目の前の人の顔を認識することはほとんどできない。しかし、ものを目で追う**追視**ができる生後３ヶ月ごろには0.1、生後６ヶ月で0.2程度になり、人の顔や表情を認識して区別することができるようになる。たくさんのものを見て、目を使うことによって、視力が発達する。最終的には、８

歳頃に大人と同程度の視力になる。ものがよく見えるようになることで、ひとを認識して区別をしたり、ひとのまねをしたりすることができる。また、聴覚が発達することで、言葉を聞いてまねをする。感覚が発達することによって他の人との関係を作ることができるようになるのである。

2．乳児期の人間関係

(1) 愛着の形成

乳児期には、母親や家族、保育者など、特定の大人に対して、愛着を持ち始める。**愛着**とは、特定の養育者と赤ちゃんの間に形成される愛情の絆のことを言う。愛着が形成されると、養育者が子どもと離れようとした時に、泣いて嫌がったり、後を追おうとしたりというように**分離不安**を示す。分離不安は養育者と離れることに強い不安を感じるために起こる。また、愛着は母親と赤ちゃんとの間のみに形成されるわけではなく、父親や保育者など、身近な養育者との間にも形成される。

愛着を形成するためには、食事を与えたり、オムツを替えるといった世話をするだけではなく、大人が子どもに対して応答的にかかわることが大切である。応答的なかかわりというのは、子どもの視線に反応したり、子どもが指さしたものに目を向けるというように、子どもからの働きかけを見逃さずに、それに反応することを言う。このようなかかわりを通して、赤ちゃんは緊張や不安などをなくして安心感を得ることができる。また、自分は愛され、大切にされる存在であるということを感じてひとや社会を信頼するもととなる**基本的信頼感**を獲得していく。

(2) 愛着を形成する要因

生後1ヶ月ごろの乳児は眠っている時やウトウトしている時に、理由もなく微笑みを浮かべる（**生理的微笑**）。これは大脳皮質がまだ十分に発達していないことが原因であり、何か楽しいことがあって笑っているわけではない。しかし、この微笑みを見て養育者は「かわいい」、「私が抱っこをすると嬉しいんだ」といった気持ちになる。生後２～３ヶ月ごろになると、養育者の働きかけに対してほほえむようになる（**社会的微笑**）。

乳児には早い段階からひとのまねをする力が備わっており、生後１～２ヶ月ごろには、母親が口を動かしたり、舌を出し入れする様子を見て、自分も口を動かして母親の動作のまねをする（**共鳴動作**（きょうめいどうさ））。そのことによって、発音ができるようになったり言葉を話すことにつながっていく。また、母親が乳児に「○○ちゃん」と語りかけると、それに対して乳児が「あーあー」「うーうー」などとリズミカルな音声を出すことを**エントレインメント**という。共鳴動作やエントレインメントを見た養育者は自身の働きかけに対して乳児が反応するので、うれしくなり、よりいっそう乳児にかかわろうとする。このように、新生児には養育者の「赤ちゃんにかかわりたい」という気持ちを引き出す行動が備わっており、このことが養育者との関係を形成するのに重要な役割を果たしている。

(3)　他者への関心

生後３ヶ月ごろまでの乳児は、まだひとを区別することなく、誰に世話をされても受け入れる。しかし、生後６ヶ月ごろになると、母親や父親とは別の人の顔を見ると泣いたり、抱っこを嫌がったりするようになる（**人見知り**）。は、愛着を形成した人と、そうでない人を認識して区別するために起こる。この生後６ヶ月から２歳頃の時期には、乳児は養育者を自分自身の一部のようにとらえており、養育者がどこかに行こうとすると嫌がったり激しく泣いたりする（**分離不安**）。

また、この時期には自分の周囲の物や人に対して興味をもち、あちこちをさわるといった**探索行動**をするようになる。探索行動をすることによって、関心のある物のところまではハイハイや歩いて移動したり、物の使い方を考えたり物の機能を知ったりというように、身体面、知的な面の発達が促される。探索行動をするなかで、初めて見る物や人に出会い、どのように対処すればよいかわからない場面が生じる。例えば、初めて見るおもちゃを目にしたとき、乳児は、さわっていいかどうかの許可を求めるように母親の方を見る。母親が「いいよ」というようにうなずくとおもちゃに手を出す、母親が「だめ」と険しい顔をすると手を引っ込めるという具合に、他者の表情を参照して自分のとる行動を決める。

このように、何かをしようとするときに、相手の表情をみて、自分の行動を変化させることを**社会的参照**と言う。このように、大人の判断や大人の行動を見たり、まねをしたりすることによって、物やひとへのかかわり方を身につけていく。

(4) 言葉を使った人とのかかわりの始まり

9ヶ月ごろになると、乳児は養育者の見ている物に視線を向けるようになる(**共同注視**)。共同注視ができるようになるということは、乳児が養育者を自分と同じように意思をもつ存在であると認識し始めたということである。さらに、10ヶ月ごろには、乳児は関心のある対象に向かって、**指さし**をするようになる。乳児は、養育者が指さしをする様子を見て、指さしをすることで要求や物への関心を相手に伝えることができると気づく。そして自ら指さしで要求や関心を伝え始めるのである。さらに、指さしに「あーあー」といった音声が加わると、言葉へと発展し、言葉を使った人とのかかわりが始まっていく。

3．乳児へのかかわり方

乳児期は人間関係の始まりの時期である。そのため、ひととかかわると反応が返ってきて楽しいということを感じられるようにすることが必要である。乳児が声を出していれば、それをマネする、乳児の指差した方を見て「なあに？」と反応するなど、乳児の言動を見逃さずに、それに対する反応をすることが周囲の大人に求められる。

第2節　幼児期

1歳～就学前（6歳）までの時期を幼児期とよぶ。幼児期には、走ったりとんだりといった身体を使った基本的な動作ができるようになったり、言葉を使って他者とコミュニケーションをとることができるようになる。

1．幼児期の発達の特徴

(1)　幼児期の身体面の発達

1歳半ごろには一人で歩くことができるようになる。立って歩くことができるようになると、ハイハイをしていた頃に比べて両手が自由に使えるようになるため、ページをめくる、小さな物をつまむ、物を持って操作するなど、手先を使った動作が上手になる。

手先を使う経験を繰り返し、就学前までにははさみを使って切る、クレヨンを持って絵や文字を描くといった複雑な動作ができるようになる。また、走る、ジャンプする、スキップするといった身体を大きく使った動きができるようになる。

(2)　言葉の発達

乳児期には、意味を持たない「マママ、ババババ」といった**喃語**（なんご）を話していたのが、1歳ごろには、「ワンワン（犬）」、「パパ（お父さん）」など意味のある単語（**一語文**）を話すようになり、2歳になるころには「ワンワン、いた」、「パパ、かいしゃ」など2つの言葉をつなげた**二語文**を話すようになる。3歳頃には、「犬がいた」というように接続詞の入った文章を話すことができるようになり、就学前の時期には大人と同じような会話ができるようになる。

(3)　幼児期の心の発達

2、3歳ごろになると、「自分でやりたい」という思いが強くなり、何に対しても「イヤ！」、「○○ちゃんがやるの！」というように、養育者に対する反抗が顕著になる（**第一反抗期**）。それまでは養育者の意図に従って行動していたのに対して、自我（じが）が芽生えて自分のやりたいことが生じ、養育者の意図とは異なる自分の意思を養育者に表明することで起こる。この時期には、だめなことはだめと伝えたり、ひととかかわる時にはルールがあることを根気強く教えていく必要がある。そのことにより、幼児は自分の気持ちをコントロールする力を身につける。

このころの幼児は、他者の立場に立ってものごとを考えることが難しく、自分の考えと相手の考えが同じであるととらえている。このとらえ方を**自己中心的思考**とよぶ。例えば、自分が楽しいときには、相手も同じように楽しいと感じているととらえていたり、自分の見た夢のことを相手も知っていると思っている状態である。自己中心的思考の一つに、物や動植物にもひとと同じように心があると考える**アニミズム**が挙げられる。しおれた花を見て、「お花が泣いてるね」と言ったり、おもちゃの車が壁にぶつかったのを見て、「車が痛がっているね」と言ったりする。物や動植物も自分と同じように感じているととらえているためにこのような発言になるのである。

目の前にない物やできごとを思い浮かべることを**象徴的思考**と言う。乳児期には、「目の前にないものは存在しない」という考え方をする。そのため、母親が乳児の目の前からいなくなると母親が存在しなくなったと思い、不安になって泣く。しかし、幼児期になり、象徴的思考ができるようになると、目の前に母親がいなくても、母親がこの世からいなくなったわけではないと考えられるようになるため不安を訴えて泣くことはなくなる。また、遊びにも変化が見られ、四角いつみきを電車に見立てたり、くまのぬいぐるみを赤ちゃんに見立てるというように、物を別の物に見立てて遊ぶ**象徴遊び**ができるようになる。実物ではなく、別の物であってもその物に見立てて遊ぶことができるのである。また、目の前にない物を言葉を使って思い浮かべることができるようになるため、言葉の発達が進むことになる。

2．幼児期の人間関係

(1)　遊びを通じた友人関係の始まり

幼児期になると、他の子どものしていることに関心を示し、遊びを通じてかかわりを持ち始める。心理学者のパーテンは、遊びを6つに分類し、「何もしていない状態」から次のように発達していくと述べている。まず、一人でおもちゃを使って遊ぶ**一人遊び**の時期、他の子どものしていることに関心をもつが、一緒に遊ぶことをしない**傍観遊び**の時期、他の子どもが遊んでいるそばで同じ遊びをするが、一緒には遊ばない**平行遊び**の時期へと変化していく。同じ場でやりとりをしながら遊んでいるが、個々に遊びが展開される**連合遊び**の時期を経て、子ども同士で同じ目的を持ち、一緒に遊ぶ**共同遊び**の時期へと変化していく。

例えば、砂場での遊び方を見ると、連合遊びの段階では、砂場で一緒に遊んでいても、山を作る子ども、ケーキを作る子ども、穴を掘る子どもなど、子どもたちがそれぞれに別の物を作る。しかし、共同遊びの段階になると、一緒に山を作ってトンネルを掘り、水を流してみるというように、同じ目的を持ち、協力して一つの遊びができるようになる。このように、次第に一緒に遊ぶことができるようになり、友人関係が始まっていく。

(2)　遊びのなかで育む人間関係

3歳頃は自己中心的思考が顕著な時期である。そのため、使っていたおもちゃを取られたら友だちはどう思うかといったことを相手の立場になって考えることは難しく、遊びのなかでトラブルが起こることが多い。このとき、周囲の大人が相手の気持ちを代弁したり、仲介に入ることによって、幼児は他者とのコミュニケーションの取り方を学んでいく。

5～6歳になると、こういったトラブルは少なくなり、言葉を使ったイメージの共有や物を見立てること、役割分担をすること、友だちと協力することなど様々な力を使って友だちと一緒に目的を持った遊びを展開する。例えば、レストランごっこをする場合、園庭のベンチをテーブルに見立て、お店の人、お客さんというように役割分担をして、砂のかたまりをケーキに、泥水を紅茶に見立てたり、葉っぱや木の実をお金の代わりとして使っている。こうした遊びを繰り返すことで、幼児は相手の立場になって考えたり、イメージを共有するといったその後の人間関係を築くうえで必要な力を身につける。

4. 幼児へのかかわり方

幼児期には、ひとと関わることを通じて、人間関係を築き、ひととのかかわり方を身につけていく。自分の思いをうまく相手に伝えられず、子ども同士のトラブルが発生しやすい時期であるが、トラブルが生じたときには、周囲の大人が子どもの間に入り、「お友だちが持っているおもちゃを貸してほしいときは、おもちゃをとるんじゃなくて『貸して』って言おうね」というように、ひとへのかかわり方を教えていくことが望ましい。

第3節　児童期

小学校入学から中学生になるまでの6年間が児童期である。児童期は小学校への入学という大きな転機を迎え、その後何年も続く学校での生活に適応していく時期である。学校は子どもにとって学習の場であると同時に、1日の大半の時間を過ごす生活の場でもある。学校は社会の縮図であるといわれており、子どもはこの中で自分らしさに気づいたり、他者と競争したり協力したりしながら人間関係を築いていく。

1. 児童期の発達の特徴

児童期の6年間で身長は約30cm、体重は約20kg増え、物理的に身体が大きくなる。児童期の終わりごろには**第二次性徴**が始まる子どもがいる。運動能力の面では、走る、ジャンプするといった単純な動きだけでなく、ボールをキャッチしてからすぐに投げるといった連続した動作をしたり、走りながらボールをつくという複数の動作を同時に行うことができるようになる。身体を調整して運動をうまく行う力が発達するのである。

児童期には、物のとらえ方が大きく変化する。小学校１、２年生の時期は、物の見た目に思考が左右される時期である。児童期には、見ためが変わっても、物の性質は変わらないということに気づく。心理学者のピアジェは**保存課題**によってこのことを確かめている。２つの同じ形の容器に同じ量の水を入れて、量が同じことを確認させた後、子どもの目の前で一方を別の細長い容器に移し替える。このとき、子どもにどちらの量が多いかを尋ねると、水面が高くなったことに注目した子どもは細長い容器に入っている方が多いと答える。このように誤った答えをする子どもが多いが、小学校３年生ごろになると見た目が変わっても内容は変わらないことを理解していく。

他者の行動を見て、その人の気持ちや意図を推測する心の働きを**心の理論**と言う。児童期前半には、心の理論を獲得して、相手の立場になって考えることができるようになる。心の理論が獲得できているかどうかを確かめる実験の代表的なものとして、イギリスの発達心理学者バロンコーエンの行った誤信念課題が挙げられる。誤信念課題では、次の問題文を子どもに聞かせ、答えさせる。

a．サリーは、ビー玉をバスケットの中に入れて部屋を出ていきました。

b．サリーが部屋にいない間にアンがビー玉をバスケットから出して箱に入れました。

c．サリーが部屋に戻ってきました。

d．サリーはビー玉を見つけるために、どこを探すでしょう？

心の理論が獲得できている子どもは、バスケットと答える。しかし、心の理論が獲得できていない子どもは、箱と答える。サリーの立場になって考えるのではなく、自分の立場で答えを出してしまうのである。心の理論を獲得したり、自己中心的思考から脱却した子どもは、複数の視点からものごとを見ることができるようになり、客観的、論理的な思考ができるようになる。

児童期には、自分で善悪の判断ができるようになる。このことも幼児期と大きく異なる点である。幼児期には叱られるといった罰を受けることが悪いことだと考え、罰を避けるためにルールに従う。また、幼児は保護者や保育者などの大人の判断を手がかりにして、自分の行動を決める。しかし、児童期になると、大人に判断を求めるのではなく、自分で善悪の判断を行うようになる。この時期には、他者を助けたり喜ばせたりすることが良いことだという基準をもとに善悪の判断をする。児童期の後期になると、他者の感情を抜きにして、公正さや平等であることがルールを決める上で重要だと思うようになる。大人の言うことや決められたルールが必ずしも正しいわけではないことに気がつき、それに反発する子どもも出てくる。

2．児童期の人間関係

小学校に入学することは子どもにとって大きな環境の変化である。時間割にしたがって授業を受けること、授業のなかでは決まったルールのもとで発言をすること、行事に向けて集団で行動することなど、青年期まで続く学校での生活になじんでいく必要がある。学校に入学することにより、教師や友人との関係が築かれる。

(1)　教師との関係

幼児期には親子の関係が非常に重要であった。しかし、小学校に入学すると、親子関係と同じくらいに教師との関係が子どものなかで大きなものとなる。教師は子どもに勉強を教える存在であるが、ただものごとを教えればよいわけではなく、子どものことを受け止め、子どもと人間関係を築いて学級を運営していかなければならない。

小学校に入学して間もないころは、教師に対して絶対的な信頼を持ち、依存的であると同時に恐れを抱く。しかし、学校に適応するにつれて、恐れを抱くことはなくなり、教師に対して愛着を持つようになる。児童期の後半になると教師との関係よりも、友人との関係の方が大切になる。また、委員会や部活動などの活動を通して、担任以外の教師と接するようになると、教師を比較し、教師に対して批判的な態度をとるようになる。

(2) 友人との関係

幼児期では、友人となるきっかけは、家が近いといった物理的な近接性が最も重要であった。つまり、近所の子どもや同じクラスの席が近い子どもが仲良しの友だちになる状態である。しかし、児童期になると、近くにいることよりも、同じことに興味を持っている子どもと仲良くなる。人間関係において物理的な距離よりも、自分と似たところがあるという類似性の方が重視されるようになるのである。

小学校3、4年生ごろになると、自発的に仲間集団を作り、一緒に行動するようになる。これを**ギャング集団**とよび、この時期を**ギャングエイジ**とよぶ。ギャング集団は自分と似た性格の同性のグループである。この集団に所属することによって、子どもは仲間から受け入れられていると感じる。このことが自尊心を保つことにつながる。ギャング集団では、同じ行動をすることが求められ、仲間うちでのルールを守ることで集団の結束力が高まる。また、他の集団に対して排除しようとすることで、より仲間同士の結束を高める。子どもはギャング集団のなかで仲間とかかわることにより、自分たちでルールを作ったり、自分の感情をコントロールして仲間に接するといった様々な経験をする。このことによって、集団のなかでのふるまい方を身につけていく。

仲間同士の集団の結束が強くなるなかで、集団から外れてしまう子どもが出てくる。また、児童期の後期には、自分は集団のなかでどの位置にいるかという集団のなかでの地位についても考えるようになる。これは認知の発達に伴い、自分と他者との違いに気づくことが関係している。「勉強はできるけれど運動は苦手」というように、人それぞれに得意、不得意なことがあることに気づく。集団から他者を排除しようとしたり、自分とは異なる者や自分よりも地位が低いと思う者を排除しようとしたりする動きがみられ、このことがいじめにつながることがある。

3. 児童期の子どもへのかかわり方

児童期には、友人関係が親子や教師との関係よりも重要なものになっていく。友人関係のなかで、仲が深まることがある一方で、けんかが起きたり仲間外れになったりするといった問題が生じることがあるが、このやりとりを通じて子どもは集団のなかでのふるまい方を覚えていく。そのため、幼児期のように保護者や教師が間に入って仲立ちをするよりも、できるだけ子どもたち同士で問題を解決するように、見守る対応をしていく必要がある。

第4節　青年期

中学校入学から成人期に至るまでを青年期と言う。青年期の終わりについては明確な定義はないが、最近では25歳くらいまでを青年期ととらえることが多い。青年期は、心身ともに大きな変化を迎える時期である。身長が伸びたり、体重が増えるといった単純な変化ではなく、身体機能に変化が生じる。そのため、これまで保ってきたバランスが崩れ、身体的にも心理的にも不安定な時期になる。

1．青年期の発達の特徴

(1)　青年期の身体的な発達

小学生の終わりごろから中学生にかけて、男女ともに身体に変化が起こる。男子の場合には、声変わりが起こる、ひげが生える、筋肉量が増える、精通が起こるといった変化が生じる。女子の場合には、初潮を迎える、身体がふっくらと丸みを帯びる、乳房が大きくなるなどの変化がある。この変化を**第二次性徴**とよぶ。第二次性徴はホルモンバランスの変化によって生じるものである。身体的な変化が起こるだけでなく、ホルモンの影響を受けて感情の起伏が激しくなるという心理的な影響もある。

(2)　青年期の心理的な発達

青年期は、目に見えない抽象的なものについて考えるようになる時期である。例えば、愛とは何か、平和とは何か、人はどう生きるべきかといったことについてである。また、他者と自分を比較することで、自分の良いところや短所に目を向けるようになる。自分の得意なことは何か、がんばってもできない苦手なことは何かといったことを客観的にみられるようになる。その一方で、ひとはこうあるべきであるというような高い理想をもつようになる。そして、理想像と自分自身を比較することによって自分に対する否定的な感情が高まる。青年期には、自分への否定的な感情に向き合い、乗り越えることが大きな課題となる。

この否定的な感情は、自分だけでなく、他者にも向けられる。青年期の前期には、保護者や教師から自立して自分なりの方法でやってみたいという気持ちが芽生える一方、社会に対する認識が十分ではなく、まだ自分だけで問題を解決できる力を持っているわけではない。気持ちと現実のアンバランスさから、周囲の大人に対して反抗的な態度をとることを**第二反抗期**とよぶ。幼児期に見られた第一反抗期には、社会のルールや正しさを教えるといった対処が必要であったが、第二反抗期には、子どもの気持ちを尊重しつつ、社会の実態を知らせていく必要がある。

青年期の特徴として、教師や保護者の価値観よりも、仲間うちでの価値観を重視するようになることが挙げられる。保護者の言うことよりも友だちの言うことを重視するのである。これまで重視していた保護者と自分、教師と自分といった縦の人間関係よりも、友だちと自分という横の人間関係が非常に重要なものになってくる。例えば、未成年が喫煙をすることは悪いことであるとわかっていても、仲間から称賛されたり、認められたりするのであればタバコを吸うといった状態である。

また、青年期にはアイデンティティが確立していく。**アイデンティティ（自己同一性）**とは、「自分は何者であるのか」という問いに対する自分なりの答えである。心理学者のエリクソンが提唱した。これまで周囲の大人や教師から教えられてきた価値観ではなく、自分なりに「自分は何者であるのか」を考えるのである。アイデンティティが確立し、自分がどのような人間であるのかがわかると、自分の考えをしっかり持って、周囲に流されたりしないようになる。また、自分に適した職業を選択することにもつながる。

アイデンティティ確立までの道のりは平たんではなく時間がかかる。青年期はその時期を通して、自分は何者か、自分らしさとは何かという問いを持ち続ける。自分が何者かがわからなくなると「何をすれば（どんな職業につけば）いいのかわからない」、「できることは何もない」といったアイデンティティが拡散した状態になる。アイデンティティが拡散する時期を何度も経て、次第にアイデンティティを確立していくことになる。

そのため青年期には、社会的な責任から逃れ、自己のあり方を模索する**モラトリアム**の時期が必要である。モラトリアムとは、身体的、知的、性的に大人になっていても大人として社会に出ることを延期している状態を言う。この時期は大人になる前に自分の事についてじっくりと考える自分探しの時期である。この期間のうちに、勉強や部活、恋愛、遊びなど様々なことを経験したり、試したりして自分自身とは何かという答えを見つけていく。

2．青年期の人間関係

(1)　友人との関係

児童期には、自分と似た特徴を持っていることが友人を選ぶ基準になる。しかし、青年期になると、自分と異なる趣味や価値観をもっている人であっても、尊敬できる存在であったり、共鳴できる要素があったりすると友人として関係を続けていくことができる。そのためには、自分の価値観や自分とは何かといったアイデンティティを確立して、自分自身について理解をしておくことが前提となる。

(2)　親との関係

友人との関係が密なものになってくるのに反して、親からは自立して離れていこうとする。親の決めたルールや基準から離れ、自分のやり方で自分なりの基準を持とうとするために親からの分離が起こるのである。この時期には、親に対して反抗的な態度をとったり、拒否をしたりして、激しく対立する。しかし、親子間の対立がずっと続くわけではない。子どもは次第に、親への反抗や拒否は自身の未熟さに原因があることに気づき、親との関係を冷静に考えられるようになる。

しかし、近年では青年期になっても反抗や拒否をすることなく、いつまでも親と仲の良い関係を続ける子どもが増えている。門限や服装など、細かなことをめぐる親子の小さな対立はあるものの、親子間の激しい対立はなく、穏やかな関係が続くのである。親への反抗や親子の対立がないからといって、必ずしも子どもの発達や家族関係に問題があるわけではない。いろいろな価値観があり、それが認められている現代においては、親子の関係は家族の置かれた状況や家族構成、親子でのコミュニケーションの取り方によって大きく異なっていると言えよう。

3．青年期の子どもへのかかわり方

青年期の子どもは、親や大人から自立したい気持ちをもちながら、それがうまくいかないもどかしさを感じている。また、大人の考えとは異なる自分自身の考えを持ち、それに基づいて行動したいという強い意識をもっている。そのため大人の考えや社会のルールを押しつけるような対応をすると、激しく反発する。青年期の子どもに対しては、子どもの自身の考えが未熟であったとしても、それを尊重してかかわることが必要である。

第6章　高齢者

第1節　高齢者とは

1．高齢者とは

高齢者とは法律上は65歳以上の人のことをいう。しかし、65歳の誕生日を迎えた人が「自分は高齢者である」とすぐに自覚するわけではない。さまざまな喪失を体験し、次第に老いを受容するのである。喪失体験には身体の健康の喪失、社会的な役割の喪失、人間関係の喪失がある。これらの喪失は、心理的な変化をもたらす。

(1) 身体の健康の喪失

身体面では関節可動域が狭くなる、ふらつきやすくなる、筋力が低下するなど運動器に変化が生じる。また、骨の密度が低下し骨粗鬆症になったり、平衡感覚や筋力が衰えるために転倒しやすくなったりする。また、視力、聴力などの感覚器の機能が低下する。特に視力や聴力は40~50歳代の比較的早い時期から低下し始め、老いに気づくきっかけとなりやすい。体内では腎臓や肺など内臓の機能低下により、ささいなきっかけで体調をくずしてしまう。このような身体の健康の喪失によって、食事や排泄、更衣、洗面、身だしなみを整える、移動など生活をするうえで不可欠な行動であるADL（日常生活動作）が低下する。

また、加齢による脳の変化によって、知的機能の一部が損なわれることがある。ひとの知的機能は**流動性知能**（ものを覚える力、計算力など）と、**結晶性知能**（ものごとを総合的に判断する力）に分けられる。流動性知能は老いにより低下するが、結晶性知能は維持される。流動的知能が著しく低下した場合には、**認知症**と呼ばれる状態になることがある。認知症については後に詳しく述べる。

(2) 社会的な役割の喪失

高齢になると仕事、子育て、家事などこれまで担ってきた役割を徐々に失っていく。また、退職することによって収入を失い、経済的な基盤もなくなっていく。

(3) 人間関係の喪失

例えば、重たいものを持って歩くことが難しくなって、これまで出かけていた近所の商店街での買い物を家族に任せてしまう。そうすると、買い物に行く途中で出会う近所の人や、お店の人とあいさつをしたり、立ち話をしたりする機会がなくなってしまう。あるいは退職によって、よく一緒に食事をしていた部下と会う機会が減少する。こういった経験を重ねることで次第に高齢者の人間関係は縮小していく。

また、親しい友人や配偶者の死は高齢者にとって非常に大きな喪失である。特に、配偶者を失うことによって生活に大きな変化が生じたり、孤独を感じて落ち込んだりする。このようなひとの死に直面することによって、自分自身にも死が近づいていることを感じ、高齢者は今までの人生の意味や死の意味について悩んだり、苦しんだりする。

(4) 心理的な変化

喪失体験を重ねることによって高齢者は不安や孤独を感じるようになる。また、高齢者の心の中には老いを受容しなければならないという気持ちと他の高齢者と違って「自分はまだ若い」と老いを否定する気持ちが同時に存在し、葛藤が生じることがある。不安や孤独、葛藤などが複雑に絡み合い、高齢者の心は非常に不安定な状態になる。そのため高齢者は気分が落ち込んでゆううつな気持ちになり、うつ病や妄想、**せん妄**（意識が混乱し、行動や発言に異常が起こること）などの精神症状を発症しやすくなる。

2．高齢者の人間関係

(1) 人間関係の重要性

上記に示した喪失体験を経験することにより高齢者の人間関係は縮小するが、人間関係が高齢者にとって重要な意味をもつことに変わりはない。医学者であるフラティグリオーニらによるスウェーデンにおける認知症に関する研究では、ひとと関わる機会が多い高齢者は、その機会が少ない高齢者に比べて認知症を発症する割合が低いと報告されている。この結果は人間関係が認知症発症に影響していることを示しており、高齢者にとっての人間関係がいかに重要かがわかる。

(2) 高齢者と家族の関係

ひととの関わりは重要であるが、高齢者が子どもや孫の世帯と一緒に過ごすことが必ずしも良いことであるとは限らない。老年期には、高齢者と家族との関係が大きく変化する。それまでは子どもを養育する立場であった者が、様々な機能の低下によって、介護が必要になるなど、援助を受ける立場になる。子どもにとっては、これまでは世話をしてもらい、頼りにしてきた存在である親が要介護の状態になったことを受け入れることはつらいものである。そのため、高齢者が親子の役割の逆転を受容できなかったり、子どもが介護を負担に感じるようになったりした場合には、高齢者と家族との関係が悪くなることがある。場合によっては、子どもが高齢者を虐待する状態にまで至ることがある。高齢者とその家族の関わりにおいては、家族が「自分たちで面倒を見なければ」という気持ちに追い込まれていないか、高齢者にとって家族の介護が本当に幸せなのかを考える必要がある。

高齢者の価値観は非常に多様であり、ひとと関わることをうれしいと感じる人も、ひととの関わりをわずらわしいと感じる人もいる。そのため、高齢者個人の体験してきたことや考え方を理解したうえで、その人にとっての幸せなことは何かと考えることが必要である。

3．高齢者との関わり方

(1) 敬意をもって接する

より速く、より正確にものごとを処理することが大切であるという価値観が定着した現代では、行動がゆっくりであったり、新しいことを覚えるのに時間がかかる高齢者をネガティブにとらえる傾向がある。しかし、高齢者は長い年月のなかで積み重ねてきた人格をもった存在であり、大事にされなくてはならない。より速く、より正確にという価値観で高齢者をみるのではなく、高齢者のありのままの状態を受け入れ、長く生きてきた人生の先輩を敬う気持ちで接することが重要である。

高齢者に話しかける時には、ひとりの人として相手を尊重する態度で接することが大切である。例えば、おじいちゃん、おばあちゃんと呼びかけるのではなく、「〇〇さん」と名前で呼ぶことでその人の個性を尊重する姿勢が高齢者に伝わる。また、親しみをこめて話をすることは大切であるが、高齢者に対して同年代の友人に話しかけるように話すことは失礼である。敬語を使わなければならないと考え過ぎる必要はないが、ていねいに話すように心がける。

(2) 自己決定を尊重する

身体の機能の低下によって、高齢者にはできないことがたくさん生じてくる。特に治療や介護を必要としていたり、認知症のある高齢者はできないことが多いために判断力がないと思われてしまうことがある。そのため、ものごとの決定の際に家族、看護者、介護者の考えが優先され、高齢者の意志が反映されないことがある。高齢者に関わる人による客観的な判断が必要な場合もあるが、基本的には当事者である高齢者の意志を尊重するべきである。

高齢者が自己決定できるように選択肢をわかりやすく提示したり、本人の性格の特徴や生活の様子を理解し、適切に代弁したりすることが求められる。看護者や介護者がすべてやってあげるのではなく高齢者と一緒に選択、決定をすることで高齢者が自分の意見が取り入れられたことを実感できる。

(3) 伝わりやすく話す

高齢者には高い音が聞き取りにくい、言葉がはっきり聞き取れない場合があるという聞こえ方の特徴がある。高齢者の正面に座り、大きく口を動かしながら話をすると伝わりやすい。低めの声でゆっくりと、簡潔に話すことによっても言葉が伝わりやすくなる。何度も聞き返される場合には、他の言葉で言い換えるようにする。血圧計を指しながら「血圧を測りますね」と言うなど、実物を見せたり、ジェスチャーを交えて話すことも有効である。

(4) 具体的に質問をする

「体調はいかがですか」と漠然とした質問をするよりも、「食欲はありますか」「ひざの痛みはありませんか」というように、具体的に内容を挙げて質問をするとよい。また、高齢者の知的レベルが低下している場合には、答えの選択肢を用意してその中から選んでもらうとよい。

(5) 焦らずに待つ

高齢者と話をしている時に、反応が遅いと感じる場合がある。そのような時には答えを予測して先回りして「〜ですよね」などと話を進めるのではなく、高齢者のペースに合わせて返事を待つ。こちら側が待つ姿勢を示すことで高齢者は「この人は自分のことを受け入れてくれている」と感じる。

第2節　認知症の高齢者

1．認知症とは

認知症とは、いったん発達した知的機能が低下し、仕事や日常生活に支障をきたす状態をいう。2004年より前は、ぼけや痴呆といった尊厳に欠く表現が使われていたが、現在は**認知症**という言葉が一般的に使用されている。

高齢社会が進むにつれ認知症者も増加しており、65歳以上の高齢者の認知症者数は2025年には700万人にものぼると推計されている。若年の頃（65歳以下）から発症することもあるが、多くは70歳以上で発症し、高齢になるにつれて認知症の発症率が高くなる。

これまで認知症のある人が公の場で発言する機会が設けられていなかったが、2004年に国際アルツハイマー病協会第20回国際会議において、越智俊二が日本人で初めて実名を公表して、認知症のある自分の体験について語っている。彼は、認知症でも自分らしく生きたいことや妻への感謝を述べている。自分の意志があること、家族に対して愛情があり感謝していることが本人の言葉で語られたのである。認知症はひとつの病気であり、認知症のある人はその病気と闘い、共存しながら生活していることを忘れてはならない。

認知症のある人が自分の思いを発言したり、介護者が認知症を患う家族について周囲に語るなど、認知症が閉ざされていたものから開かれたものへと変化してきている。しかし、未だに認知症に対する社会的支援が十分であるとは言えない。認知症のある高齢者が日常の生活をしていくための支援、その人たちを支える家族への支援、認知症予防への対策が大きな課題になっている。

２．認知症の症状

認知症には様々な症状がみられるが、その症状は大きく２つに分けられる。認知症のある人に必ずみられる**中核症状**と、中核症状以外の精神面や行動面の変化を指す**行動・心理症状**である。中核症状と行動・心理症状の種類を図６―１に示した。行動・心理症状の出現は周囲の人との関わりの状況や、環境、高齢者自身の性格によって異なる。例えば、認知症の初期に「こんな簡単な計算はできていたはずなのに」と自分でできないことに気づいたり、「何か行動をおこせばいつも娘に怒られる」などといった他者から責められると感じた経験から、自分に自信がなく不安が高まり、行動・心理症状が出現することがある。

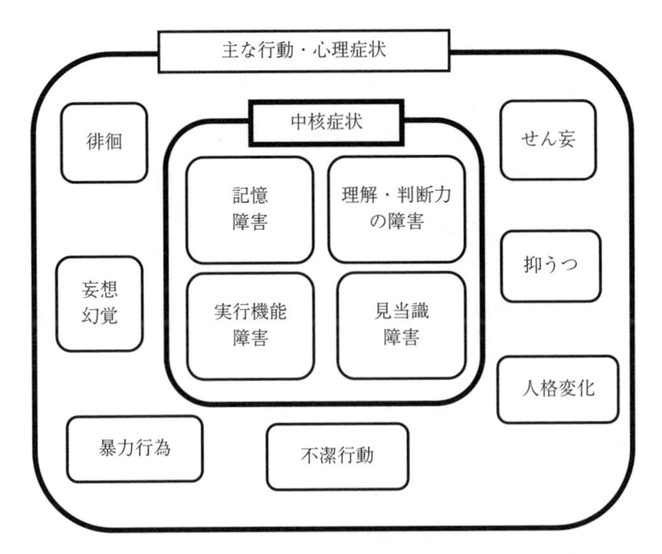

図6―1　公益社団法人　全国国民健康保険診療施設協議会（2016）『認知症サポーター活動ハンドブック』、認知症症状を一部修正。

加齢によって記憶力が衰えることは誰にでも起こりうるが、物忘れと認知症にみられる**記憶障害**は異なる。例えば「あの俳優さんの名前なんて言うんだっけ」、「倉庫の鍵、どこにしまったんだろう」などというように高齢者が日常生活の中で物事を忘れてしまうことがある。物忘れの場合、時間がたって「あっ、○○さんだ」と自分で思い出したり、人に言われて「あぁ、そうだった」とわかる。一方、認知症の場合、物事全体を忘れてしまうことが多く、家族などに「○○さんでしょ」と言われてもその人を思い出すことができない。また自分で忘れていることに気づかず、さらに人からそのことを指摘されても忘れていることがわからないため、「鍵が見つからないのはあなたが隠したせいだ」などと人のせいにしたり、ごまかしたりすることがある。

3．認知症の種類

認知症にはいくつかの種類があるが、ここでは代表的なアルツハイマー型認知症と血管性認知症について説明する。

(1) アルツハイマー型認知症

認知症のなかで最も多いのが**アルツハイマー型認知症**である。これは脳のなかにアミノ酸（アミロイドβ）が蓄積され、脳の細胞が全体的に委縮することが原因で起こる。初期から記憶障害が現れる。例えば、電話で話をし終えると、その直後は覚えていても、家族と会話をしたり、トイレに行ったりすると、電話で話をしたこと自体を忘れてしまう。その他に、道具が正しく使えなくなる、服を着ることが難しくなる、道に迷う、人に物を盗まれたと思い込むなどがある。

(2) 血管性認知症

血管性認知症は脳の血管の一部が詰まったり、損傷などの脳の一部が壊れてしまうことが原因で起こる。脳の損傷の再発とともに段階的に進行していく。

また、脳のどの部分が障害されたかによって症状が異なるため、記憶力が顕著に低下しているが、理解力の低下はほとんどみられないといった、部分的な能力の低下（**まだら認知症**）がみられる。楽しいことや悲しいことがあったわけではないのに、笑ったり泣いたり（**感情失禁**）するなど、感情のコントロールがうまくいかない人がいる。さらに、脳の損傷部位によって、手足に運動や感覚の障害があったり、言葉をうまく話せなくなることがある。

認知症に対する根本的治療薬の実用化に向けて医学研究がすすめられているが、現在のところ完全な治癒は難しい。しかし、疾患によっては脳外科的手術で改善したり、服薬で進行を遅らせたりすることができる。また、年齢にしたがって現れる軽度の認知障害であれば、生活習慣の改善により進行を防ぐことができることが明らかになっている。そのため、早期診断、早期治療は非常に重要である。「問題ないと思うけれど、年齢も年齢なので、念のため診てもらいましょう」と気楽な気持ちで受診してもらうように促していく必要がある。

4．認知症のある高齢者との関わり方

認知症のある人への対応のポイントを表6―1に示した。特に認知症がある

表6—1　認知症のある人への対応のポイント

1．まずは言葉や行動を受けとめる。
2．行動を観察し、問題が生じないようにできるだけ先回りをして準備する。
3．言葉、表情、行動から気持ちを理解し、一緒に考え、行動することで、不安を取り除き自信をもたせる。
4．認知症のある人が納得し安心できる言葉は何であるのかに留意し、常に同様の言葉を使うようにする。
5．一度に2つ以上のことは言わない。わかりやすい言葉を使う。
6．しつこく説明しない。
7．あせらず根気よくゆっくり対応する。
8．何かに固執しているときには、話題を変えたり、場所を変えるようにして関心をそらす。
9．急に声をかけたり、後ろから話しかけない。

人には訂正や説得を行わず、まず一度受け止めることが必要である。以下の(1)～(3) に具体的な場面とその対応を示す。

(1) 何度も同じことを話す

数分前に話したことを忘れてまた同じ話を繰り返すことが、認知症の初期によく見られる。話を何度も聞かされている方は「その話、さっき聞いたよ」と言いたくなるものである。しかし本人は話をしたことを忘れているため、「さっき聞いた」、「その話はもういいよ」と話を遮られてしまうことによって、「全然話を聞いてくれない」と感じてしまう。

高齢者はその怒りをコントロールできずに、相手に対して暴言をはいてしまったり、手をあげるなどの暴力をふるうことがある。そのため、繰り返し同じ話をするのは本人が話したことをすっかり忘れてしまっているのだと認識し、「そうですか」、「そんなことがあったのですか」と傾聴することが必要である。高齢者に「最後まで話すことができた」という達成感をもたせることが大切である。

(2) 時間の感覚がない

夜中に「これから会社に行ってくる」と言ってスーツを着て出ていこうとす

るなど、時間の感覚と自分の状況（夜中であること、退職していることなど）を把握することができないことがある。「今は夜中でしょ」、「早く寝てください」と説明しても本人が納得できず、「どうして自分の思い通りにさせてくれないのか」と怒り出すことがある。そのため本人を興奮させないために「そうですか。会社に行かれる前にお茶でもどうですか」と一度落ち着かせる必要がある。落ち着きを取り戻した後に、本人に時計を見てもらい、時間を確認し、「時間が遅いようなので明日にしましょう」などと誘導する。

(3) 妄想がある

家族が少しの間、近くにいないだけで「私は家族に見捨てられた」と話す者がいる。家族がいないことへの不安やさみしさから、その状況を悪い方へとらえてしまい妄想になるのである。妄想には「嫁がお財布を盗んだ」などの**物盗られ妄想**、「うちの夫は浮気をしている」といった**嫉妬妄想**などがある。

妄想のある人に対応する場合、実際にはないことなので肯定はしない。あくまでもそのように体験している本人の気持ちになって、「(そのような思いになるのは）辛いですよね」と共感することが重要である。なかには自分がお嫁さんに介護してもらっているという心苦しさから逃れるために、「私は嫁にいじめられている」などと妄想してしまうことがある。そのような場合には、介護者に料理や趣味を教えるなどの役割をもつことで、心苦しさから解消され妄想が和らぐことがある。

5．認知症の高齢者を介護している家族

認知症の高齢者のいる家族は、いつも一緒にいなければならない、自分が介護しなければならないという思いをもっていることが多い。「施設入所が本人にとってよいだろう」と家族が判断していても、認知症であることを理解できていない高齢者が施設に行くことを強く拒んだり、入所する施設がないなどの理由から自宅での介護を余儀（よぎ）なくされているケースがある。

自宅で介護する場合、「以前のお母さんはきちんとした人だった」などと過

去を振り返り、過去と現在の違いに適応できないでいる介護者は少なくない。例えば、自分の母親が、計算ができなくなったり、何度も孫に電話をしたりする様子を見て、「お母さん、しっかりして」と注意する。また家族は以前の母に戻ってほしいという思いから、何度も計算問題をやらせたり、「今日の昼ご飯は何だった?」など記憶を確かめることを繰り返す。しかし、これらの行為によって、母親は自分ができなくなってしまったことに対する不安を感じ、さらに信頼している家族にいつも叱られることによって、気持ちが不安定になり、家族に対して暴言をはいたり、徘徊(はいかい)するなどの問題行動を起こすようになってしまう。

親や配偶者に認知症があることを家族が受容するためには段階がある。第一段階が「とまどい、否定」、第二段階が「混乱、怒り、拒絶」、第三段階が「あきらめ、または割り切り」、第四段階が「受容」である。このような段階を家族だけで乗り越えようとすることは、介護者である家族だけでなく認知症のある高齢者にとっても強いストレスである。地域の家族会などを通して、同じ境遇にある認知症のある高齢者をもつ家族と一緒に話し合うように努めたり、社会資源を利用して第三者に介護者として支援してもらうなどの工夫が必要である。

第７章　病者

第１節　病者を理解する

１．健康・病気とは

(1) 健康とは

ひとは、この世に生命を受けた後に、必ずその生命の終わる日を迎える。一般には、寝たきりになって他人に迷惑をかけたくない、自分の面倒くらい自分でみたいと希望する人が多く、亡くなる直前まで健康であることが望まれている。

では、ここでいう健康とはなんだろうか。広辞苑には「すこやかなこと」「達者」「丈夫」「壮健」といった意味が書かれている。また世界保健機関では、「健康とは身体的・精神的・霊的・社会的に完全に良好な動的状態であり、たんに病気あるいは虚弱でないことではない」と定義されている。平均寿命が80歳を超える現代において「健康だけがとりえ」という人でさえも、病院には生涯一度も通ったことはないとはという人はまずいないだろう。多くの人は何らかの異常を自覚し、病院に通うものである。

それでは、病院に通っていなければ健康なのだろうか。疾病との関連からとらえる場合、何らかの症状がある、あるいは身体障害のある場合は健康な状態ではないと判断される。しかし、平成28年に行われた６歳以上の者を対象とした国民生活基礎調査によると、「健康状態」を問う質問では、「自覚症状あり」が30.6%、「通院あり」が39.0%であった。これに対して、「健康意識」を問う質問では、「健康と思っている（よい・まあよい・ふつう）」が85.5%、「あまりよくない」が11.2%、「よくない」が1.8%であった。自覚症状があったり通院している人が４割弱であるのに対して、健康状態が良くないととらえている人は13％であり、ひとは身体的側面に何らかの影響が出現していても、精神的側面や社会的側面が健康であれば、健康であるととらえていることがわかる。

わが国における平均寿命は、第二次世界大戦以降に飛躍的に伸びた。大正10年の平均寿命は42～43歳であったが、昭和22年では男女とも50歳を超え、昭和26年には男女とも60歳を超えた。その後も平均寿命は着実に延びていき、昭和46年には男が70歳、女が75歳を超え、アイスランドやスウェーデン、スイス、イギリスなどの世界の長寿国の仲間入りをした。ついには、昭和53年には男性が、昭和58年には女性が長寿国のなかでもトップとなり、平成28年には男81歳、女87歳で、男女ともに世界２位に位置している。この平均寿命の飛躍的な伸びの背景には、昭和22年では14.6％であった死亡率（人口1000人に対してどれくらいの人が死んだかを示す割合）が、昭和54年、57年には6.0％まで低下したことがある。さらに、全人口のうち、65歳以上の人口の割合が７％から14％に増加するのに要した年数を他の長寿国と比較すると、スウェーデンは85年、フランスが130年であるのに対して、我が国ではわずか24年である。高齢者人口が劇的に増加しているということは、若い人が死ななくなったということである。

ひとが死ななくなるということは、病気にならないということであろうか。それとも病気になったとしても死ななくなったということであろうか。第二次世界大戦直後の３大死因は結核、脳血管疾患、悪性新生物であった。昭和23年から平成22年まで成人の３大死因は、悪性新生物、心疾患、脳血管疾患と変動がなく、平成23年以降はこれに肺炎が加わり、４大死因となった。平成26年では、これら４大死因割合は全死因の６割を超えている。また、何らかの疾患があって生活している人を、主要な傷病についての総患者数でみると、「高血圧性疾患」約1011万人、「歯及び歯の支持組織の疾患」約332万人、「糖尿病」約317万人、「う歯」185万人、「悪性新生物」162万人、「脳血管疾患」約118万人と報告されている（平成26年の患者調査）。複数疾患がある人もいるが、のべ人数で2000万人を超える人が患者として病院と関わりをもっていることになる。昔は結核にかかったらその治療は、きれいな空気・栄養・療養といわれていたほどで、効果的な治療法がなかった。しかし現代では、結核に罹っても効果的な治療を受けることで普通の生活を送ることが可能となった。また新生児に注目すると、ほとんど助かる見込みのなかった1000グラム未満の低出生体重児も、早く生まれた、小さい、ということだけならばほとんどの死に至ることなく健やかに成長している。

病気になって初めて健康のありがたみがわかると言うが、健康であるときはこれが健康だという比較対象がないために、あまり意識をしない。いざ病気なると「ああ、今まで健康だったんだ。健康ってすばらしいものだなぁ」と実感する、それが健康である。

(2) 病気とは

病気とは「生物の全身または一部分に生理状態の異常をきたし、正常の機能が営めなくなる現象」(広辞苑) とある。ここでいう異常とは正常からの逸脱であり、普段とは違うこと、普段とは違った状態、理想的な状態や好ましい状態より劣っていることを意味しているが、理想的な状態や好ましい状態はひとによって異なり、個人差が大きい。また、けがをした場合も医療現場では疾患と表現される。

(3) 病者とは

病気になっている者を病者という。「無病息災」という言葉があるが、近年では「ちょっとした病気のある人のほうがからだに注意するので、健康な人よりもかえって長生きする」といった意味で「一病息災」という場合もある。その点では、加齢とともに身体機能が低下してくるからこそ、健康のありがたみが再認識されるということであり、寿命が延びれば延びるほど健康を再認識する機会が増すということである。病とともに生きている人ほど、健康の意味や大切さを実感しており、健康に気をつけていると考えられる。

また、病気をすることはマイナスばかりではない。病気を経験することで人生の価値観も変化する。白血病になったある子どもの親は、大抵のことに対して「白血病に比べたら、そんなことはたいしたことない」とおおらかな気持ちになっていた。「子どもの学校では、成績が落ちた、塾のクラスが落ちたとお母さんたちがショックを受けてなげいているが、私にしてみたら『そんなことたいしたことじゃないじゃない。健康ならそれで良いのよ』と言いたくなるのよ。でも、それは子どもが白血病になって、健康であればそれでいいと思うようになったからで、やっぱり価値観が変わるのよね」と話していた。

病者は病院、診療所、施設、家庭など様々な場所に存在している。本章では、医療従事者がもっとも関わりをもつ機会の多い、病院という場における病者、すなわち患者について考えていきたい。

2．ひとが病気になるということ

(1) 病者の身体と心に起こっていること

病気になると心身に様々な症状が現れてくる。症状とは、病気または疾病、疾患によって生じる異常な状態が様々な形で表現されたものである。症状には自覚的なものと他覚的なものがあり、自覚的に異常感を訴える場合は自覚症状、医師の診察や検査によって確かめられる異常は他覚症状という。この他覚症状は、他者に認識されるため治療処置の対象となりやすいが、自覚症状は主観的な訴えであり、他者からわかりにくいため、即座に対応してもらえない可能性がある。しかし、主観的な訴えが身体の状態に直接は関係ない場合も、その訴えをする背景には必ず何かしらの原因があることを忘れてはならない。

ここで痛みを訴えた、ある子どものケースを考えてみたい。

前日までは夜はおとなしく、消灯時間から起床時間までぐっすりと眠っていた10歳のＡちゃん。その夜に限って、消灯時間を迎える頃から「おなかが痛い」と訴え始め、「おなか、なでなでして」と希望するため、さすっていると寝息を立てて眠り始めた。しばらくさすり、その後、部屋で様子を見ていたがよく眠っていたので部屋を出たが、しばらくするとまた「おなかが痛い」と訴えた。医師の診察でも異常は認められず、様子を観察することになった。他覚症状はないが、Ａちゃんがその夜に限って痛みを訴える背景には何かあるに違いないと状況を考えたところ、前日まで隣のベッドにいた同い年の子が退院してしまい、部屋に一人ぼっちなっていた。「ベッドをナースステーションの前に出して寝ようか？」と提案し、それを希望したため移動すると、すぐに眠り始め、朝まで熟睡していた。朝になって、おなかの痛みはどうかを尋ねたところ、「もう大丈夫、でも、今日もここで寝たい」と話した。そして毎晩ナースステーション前にベッドを移動して休むような状況であった。数日後、同室に子どもが入院してきた。その夜もベッドを移動しようとすると「もうおなかは痛くないから、お部屋で寝られそう」と話し、Ａちゃんの言葉通り朝まで熟睡することができた。Ａちゃんのおなかが痛くなる原因は寂しさの表れであったのである。Ａちゃん自身が寂しさを自覚していたかどうかは不明であるが、心のどこかで寂しさを感じており、それが痛みの訴えとなって表出されたのである。

病気は「気が病む」という漢字で成り立っていることからも、病は気からとも言われる。確かに、楽しいことがあれば多少具合が悪くてもがんばって行動するであろうし、そうしているうちに具合の悪さも吹き飛んでしまい、元気になる場合もある。逆に、気にかかることがあると体調が悪くなり、食欲も落ち、免疫力も低下して、身体的にも病んでしまうこともある。

痛みは非常に主観的な訴えであり、同じ人であっても痛みを強く感じる場合もあれば、あまり感じない場合もある。また、同じ程度の痛みであっても、人によっては我慢できないほどの痛みだと感じ、別の人は軽度の痛みだと感じることもある。痛みの感じ方は人それぞれであり、痛みを感じる閾値（これ以上痛みが強くなったら、我慢できなくなる限界）が高い人は痛みに強い人、閾値が低い人は少しの痛みでも我慢できない、痛みに弱い人と判断できる。つまり、痛みを訴えている人が痛いと言っているのであるから、それに対して「身体的な異常がないのだから痛いはずがない」「痛み止めを使ったのだから痛みはおさまったはずだ」という思いをもって関わってはいけない。痛みの訴えに

表7―1　痛みの訴えに含まれる意味

1. 身体的損傷の部位・程度の情報伝達のための痛み
2. 意思伝達の手段としての痛み（依存・保護・援助の要求）
3. 情動表現手段としての痛み（不安・緊張感の表現）
4. 回避行動の理由づけとしての痛み（疾病逃避）
5. 人を操作する手段としての痛み（依存・攻撃性衝動の変化）
6. 暗示・条件づけにより固定化した痛み
7. 共感・同一視から派生する感情としての痛み

出典：宮本信也（1996）『NEW　MOOK 小児科 9』金原出版

は、身体的な異常を伴うものもあるが、宮本信也は痛みの訴えには表7―1のように様々なものが含まれるとまとめている。

不登校児は、朝起床すると頭痛や腹痛をおこし、午後になると痛みが消失する。これは仮病ではなく、本人にもどうにもならない痛みである。このように病者の身体と心におこっていることには、密接なつながりがあり、客観的な訴えのみならず、主観的な訴えにも十分に耳を傾ける必要がある。

(2) 病気に対する身体的・心理的反応

アメリカの心理学者であるアブラハム・マズローは「人間は自己実現に向かって絶えず成長する生き物である」と仮定し、人間の基本的欲求を低次から、

1．生理的欲求
2．安全欲求
3．所属と愛の欲求
4．承認欲求
5．自己実現の欲求

の5段階の階層に理論化してい

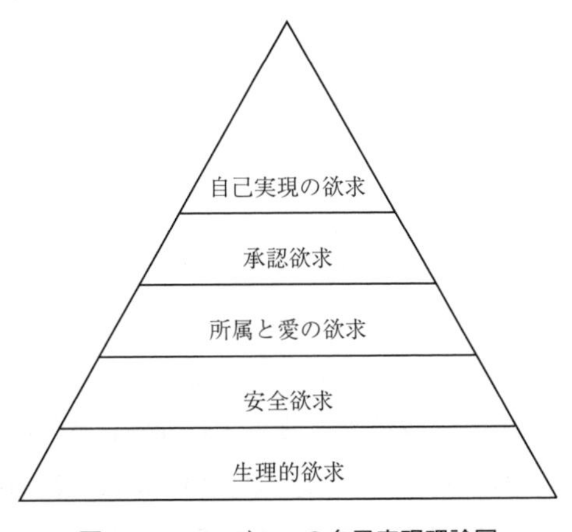

図7―1　マズローの自己実現理論図

る（図7―1）。

病気になるということは、底辺の生理的欲求が満たされない状況が生じることである。例えば、痛みのために眠れない、検査処置のために食事を摂れない、安静のため動くことができないというように低次の欲求が満たされないとそれ以上の欲求が満たされたとしてもバランスの悪い土台に支えられているため、いつ崩れてもおかしくない状況である。

(3) 対処行動

病気への対処行動は人それぞれであり、その人の症状が軽減したという経験の積み重ねによって獲得されるものである。喘息患者が発作を起こしそうなときは、吸入をして薬を服用したり、水を飲むことで痰を出せば、発作が軽減する。心臓病の子どもが苦しくなったときに、前かがみにしゃがむ姿勢をとることで苦しさが軽減する。そのような経験をすることで、子どもであっても症状に対する行動をとることができる。

採血を受けるとき、針を刺される場所をじっと見る人もいれば、顔を背けて正反対の方向を見ている人もいる。これもそれまでの採血経験から、どのように受ければより安心でき、より痛みを感じずにいられるか、その人なりに獲得した対処行動をとっているのである。押しつけや固定化した価値観で対応するのではなく、患者がどうしたいのか、なぜそうしたいのかを確認し、可能な限り患者の希望を取り入れることで、患者の自尊心が尊重され、がんばりが引き出される。

3．家族が病気になるということ

家族の中で誰かが病気になることは、それまでの家族の状態が変化し、今までの安定が脅かされることを意味している。そして、家族の誰が病気になったのかが、その家族にとっては非常に重要なことである。一家の大黒柱である稼ぎ手が病気になれば、家族の生活が経済的側面から脅かされる。家事を担っていた母親が病気になれば、家事を他の家族が行わなくてはならず、役割の変化が生じる。子どもが小さければ小さいほど、家族の生活の変化によって受ける影響が大きくなる。子どもが病気になれば、親は自責の念を抱き、できるものならば代わってやりたいと思い、病気になった子どものことが最優先にされ、他のことは二の次になる。このことによって、健康なきょうだいの生活までも脅かされる。

第２節　病者と医療従事者との関係

1．医療従事者とは何か

医療従事者とは医療行為を行う者のことであり、医師、看護師、薬剤師、歯科医師などさまざまな職種がある。医療従事者は患者に医療というサービスを提供するものであり、医療はサービス業である。サービス業であるからには、サービスの受け手である患者家族に満足をしてもらわなくてはならない。医療従事者が患者を治すのではなく、患者がもっている治る力を引き出し、患者自らが治ろうとするのを手助けするのである。間違っても、医療従事者が患者を治してやっているなどと思ってはいけない。また、患者も医療従事者に治してもらうという姿勢ではなく、自ら治ろうという姿勢をもつことが大切である。

2．病者と医師との関係

インフォームドコンセントという言葉がある。これは1970年代にアメリカで作られた言葉であり、1980年代にわが国に伝わってきたものである。

インフォームドコンセントは医療のプロセスにおいて、選択肢となる処置や治療について医師が十分な情報を患者に与えて、選択決定を患者自身に委ねる意思決定システムのことである。医療従事者が患者の自己決定権を尊重し、支援するためには必要不可欠なことであり、患者の意思決定権を尊重した関わりの原点である。インフォームドコンセントには、病状や病名のみならず、必要な検査や治療、それに伴う危険性や予後をも含んでおり、ときには患者が治療方法を選択する場合もある。今の時代、インフォームドコンセントを受けることは患者の権利であり、インフォームドコンセントを行うことは医師の義務である。

しかし、インフォームドコンセントという言葉は、あまり知られていないようである。平成20年度の「国語に関する世論調査－カタカナ語の認知・意味の理解・使用」では、インフォームドコンセントの認知度は46%（平成14年度44%・平成8年40%)、意味の理解度は37%（平成14年度23%・平成8年19%）と依然として、あまり高くない状態である。「難しいことはよくわからないから、先生が一番良いと思う方法でお願いします」と話す、お任せ医療を望む患者にとってはありがた迷惑なシステムでもある。仕事のことや家庭内のことに関しては瞬時に判断し決断を下すことができる人でも、自分の専門外になるとその力を十分に発揮することができないこともある。また、「医者が治してやっているんだ」、「素人は何も心配せずに医者に任せておけばいい」という考えをもつ医師には、なじまないシステムでもある。

その患者に合った説明内容と説明方法、患者を主体とした医療が望まれるが、時間、場所など様々な問題が立ちはだかっており、医療現場では、必ずしも十分なインフォームドコンセントがなされているとは言い難い現状がある。そのなかでももっとも大きな問題は医師の意識と患者の意識とのズレである。

3．インフォームドコンセントを行う上で必要な具体的な方法

(1) 行為と言葉

医療従事者が行う様々な医療行為は、医療従事者にとっては当たり前のことであっても、患者にとっては初めてのことであり、患者は素人であり初心者である。診察や検査を行うときには、これから何をするのか、どうして行うのか、これをすることで何がわかるのかなど、言葉に出して説明することが必要である。

(2) 患者は何を知りたいのか

ひとは自分が知りたいこと、興味のあることの知識は砂漠が水を得るように

どんどん吸収していく。医療従事者が患者に説明をするときには何を知りたいのか、なぜ知りたいのかということを事前に情報として持っているとよい。患者の知りたいことに焦点を当てて話を始めると、導入がスムーズになり、説明したことを患者が理解しやすくなる。

(3) 医療従事者は何を伝えたいのか

患者が知りたいことに焦点を当てながら、医療従事者が何を伝えたいのか、なぜ伝えたいのかその意図を正しく伝える必要がある。説明で使用する言葉としては、難しい医療用語や専門用語を避けるべきである。説明する側に自信がなかったり、不安があったりするとかえって抽象的な言葉の羅列になりやすい。患者の理解能力に応じた言葉と表現を用いることで、より良いインフォームドコンセントになる。

また、コミュニケーションをとるときの患者との位置関係も大切である。医師がベッドを見下ろすような位置で話をしても、患者は医師に対して威圧感を覚え、恐縮して心を開かず、良いコミュニケーションをとることができない(図7—2)。アメリカ、カナダで内科の教授を勤めたウィリアム・オスラーは患者を診察する時には、ベッドに患者が寝ている状態であれば、ベッド脇のいすに腰掛け、患者と目線を同じ高さにして患者の目を見て話した(図7—3)。

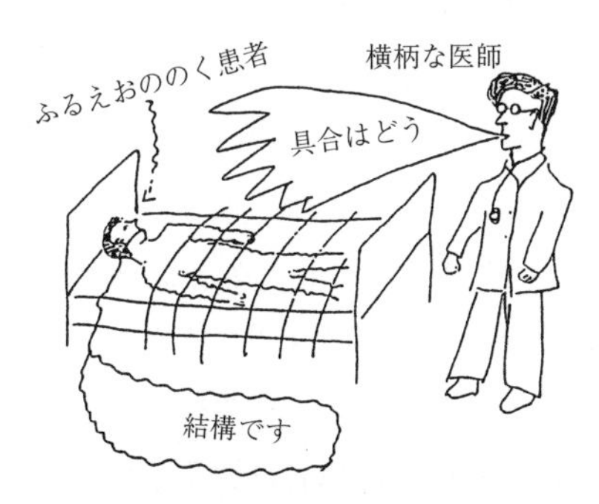

図7—2 医師が横柄な態度で患者に接すると…
(植村研一、これからのPOS医療におけるインフォームド・コンセントとコミュニケーションの教育、1994 医学書院)

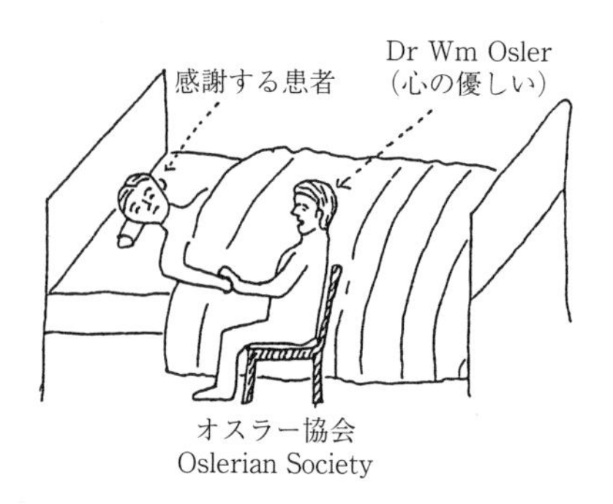

図7—3　オスラー教授の患者への接し方
（植村研一、これからのPOS医療におけるインフォームド・コンセントとコミュニケーションの教育、1994　医学書院）

座っている状態であれば、膝が触れあうくらい近くに寄って話しをするのが良いだろう。このような技法を取り入れることで患者と医師という関係以前に、ひととひととしての関係が成立し、良いコミュニケーションに繋がるのである。

(4) 患者は何を理解できたのか

医療従事者の説明内容と患者の理解内容との間に大きなズレがあることも多い。それを解決するためには説明された内容を患者がどのように理解したのか、患者が理解したことを患者自身の言葉で説明してもらい、理解度を確認することである。患者が誤った理解をしているのであればその場でそれを正すことが可能である。言葉が持つ意味は一つではなく、それゆえ同じ言葉を使用していても同じものを表現しているとは限らない。

例えば、「大丈夫、良くなりますよ」と医療従事者が伝えたとしよう。医療従事者は現状よりは良くなるという意味で伝えたとしても、患者やその家族は元通りになると理解するかもしれない。その結果として患者は医療従事者への不信感を募らせ、医療従事者はあの患者は説明しても理解しないと判断することになり、お互いの信頼関係は成立しなくなる。患者の気持ちとしては、医者とは立場が違いすぎて聞けない、何を聞いて良いのかわからない、忙しそうで聞くのが申し訳ないなど様々な思いを抱いている。そのなかで医師と患者との橋渡しができる立場にいるのが看護師であり、インフォームドコンセントが行われる際には、患者の立場に立つことが望まれる。

(5) より良いインフォームドコンセントのために患者に求められること

患者には様々なバックグラウンドがあり、同じ性別、同じ年齢の人が同じ病気にかかっても、その反応は一つとして同じものはない。より良いインフォームドコンセントのためには、医療従事者側だけの努力ではなく、患者側にも努力が必要である。NPO 法人ささえあい医療人権センター COML は、あなたが「いのちの主人公」「からだの責任者」であるとして、医師にかかる10箇条をまとめている（表７―２）。

表７―２　医者にかかる10箇条

1. 伝えたいことはメモして準備
2. 対話の始まりはあいさつから
3. より良い関係づくりはあなたにも責任が
4. 自覚症状と病歴はあなたの伝える大切な情報
5. これからの見通しを聞きましょう
6. その後の変化も伝える努力を
7. 大切なことはメモをとって確認
8. 納得できないときは何度でも質問を
9. 医療にも不確実なことや限界がある
10. 治療方法を決めるのはあなたです

出典：NPO 法人　ささえあい医療人権センター COML

４．病者と看護師との関係

看護師は以前は看護婦と呼ばれていたが、2002年３月、看護師に名称が変更された。広辞苑には、「婦」は、おんな、夫の配偶者、子の妻という意味であり、「師」は専門の技術を職業とする者とある。つまり、看護師は看護という特別な技術をもったスペシャリストということになり、より専門的な職種としてとらえられるようになってきた。医師の診療の補助が主であった仕事の内容も、エビデンスに基づいた看護 EBN（Evidence-Based Nursing）が求められ、科学的な根拠が必要になってきた。ケアを受ける患者の感性とケアをする看護師の感性とが合致する方向で看護師のアプローチ方法も行動科学的にとらえることが重要であるとも言われており、様々な看護の分野で研究が行われている。

そして、昔も今も患者にとっての看護師は、病院内では患者にもっとも身近な医療従事者であり、日々の生活の中でもっとも頼りにされる医療従事者でもある。患者は看護師に癒しや優しさを求めるが、看護師は時には母親のように包み込むように接し、時には友人のようにフレンドリーに接し、また時には厳しく接することが要求される。患者の性格や状況を見極め、どのように接することが求められているのか、どのような接し方がもっとも効果的なのかを看護師は判断する必要がある。その接し方が患者が望むものでない場合もあるが、患者に受け入れられることが重要である。

看護師は、患者が嫌がることも行わなくてはならない場合があり、患者の早期回復のためを思うからこそ時には心を鬼にして接する必要もある。そのためには、医師のみでなく看護師も患者に対して十分な説明を行う必要がある。例えば、消化器の手術をした患者にとって早期離床することは、腸の動きを促し、排ガスが確認されれば、食事を摂ることができるようになるため、早期の回復が見込まれる。看護師はそれを知っているからこそ、手術後に、きずを痛がる患者に「早く歩きましょう」と促すのである。しかし、患者は、「昨日手術をしたばかりなのに…おなかのきずが痛くて動けないし、動きたくない」と思うのである。ここにお互いの認識のズレが存在する。看護師は患者の気持ちに寄り添い、共感しつつ、患者の回復のために必要なことを説明し、患者を説得する必要がある。「昨日手術をしたばかりですから、きずは痛みますよね。でも、早くから動くことで、肺炎の予防にもなりますし、腸も動くんですよ。腸が動くとガスが出て、ガスが出たら、柔らかいものからですが食事も始められますからね。口から食事を摂ることで回復も早くなりますよ。なるべく痛くならないように、痛みを和らげる薬を使いながら起きあがるお手伝いをしますから、一緒にやってみましょう」と動くことのメリットを強調し、一緒にがんばろうと伝えることで、患者も自分のことを思ってくれているんだ、自分もがんばらなくてはという意欲、がんばりを引き出せる。

5．病者の家族と医療従事者との関係

病者が入院をすると、付き添ってくる家族と病院に来ない（来られない）家族がいる。病院に来ている家族は医療従事者に見える家族であり、病院に来ていない家族は医療従事者に見えない家族となる。医療従事者にとって、家族は目の前にいる患者と同じくらい重要な対象である。患者を支える家族の存在は絶大であり、看護学の領域では、家族看護が独立した領域として成り立つほど家族を対象とした看護は重要とされている。

現代の家族の機能は昔とは異なっており、核家族化や少子化、共働き世帯やひとり親世帯が増加している。拡大家族では、家族の中で病者が出現すると一緒に住んでいる祖母が家事を担い、母親が付き添いをするといった役割分担がスムーズに移行できていたが、現代の家族のあり方では、家族の役割は大きく変化する。共働きであれば仕事を辞めなければならない状況になるかもしれないし、核家族であれば家に残された子どもの世話のために田舎から祖母が借り出される。身内の協力が得られない場合は、幼い子どもが一人で家に残されることもある。そのような変化を医療従事者は感じ取り、病者のみならず病者の家族をも対象とした支援を行う必要がある。

家族がまとまり、状況に対処していれば、患者も自分の病気の治療に専念でき、面会や付き添いをしている家族も病院にいる時間を患者に集中できる。しかし、患者のこと以外に気がかりなことがある場合、病院にいても他のことを思って気が散ったり、患者自身も治療に専念できない状況が生じる。家族という非常にプライベートな部分ではあるが、病気を治しに来ている患者のみを対象とするのではなく、患者を取り巻く家族、社会にも目を向けて、改善できる部分は介入していくことで、最終的には患者の早期回復につながるのである。

患者が子どもの場合、保護者と医療従事者との関係がとくに重要となってくる。ドローターらは、先天奇形のある子どもの両親の心理的反応過程を、ショック・否認・悲しみと怒り・適応・再起の5段階を経ると述べている（図7―4）。親が今、どの心理過程にあるのかを判断して、その過程に合った関わりをしていくことが求められる。

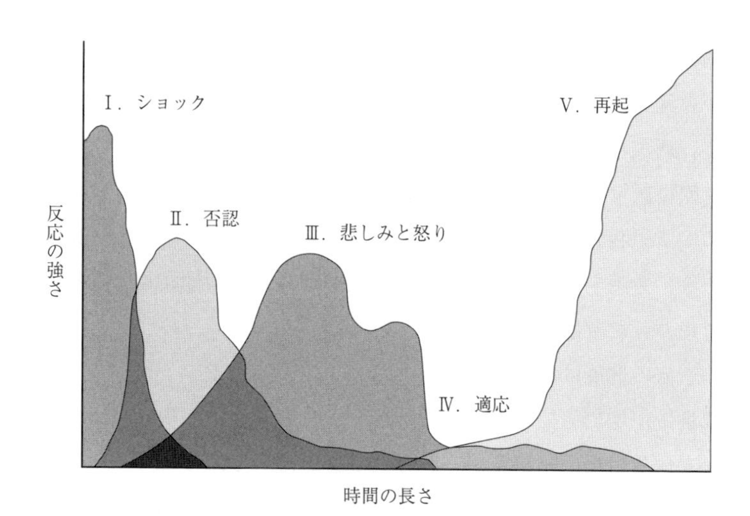

図7―4　先天奇形のある子どもの誕生に対する親の反応の継起を示す仮説的な図
(Drotar,D., Baskiewicz,A., Irvin,N,Kennell,J.H., and Klaus,M.H. Pediatrics 56: 710-717, 1975より引用)

6．より良い信頼関係を築くためには

他者との良い関係を築くために不可欠なのが信頼関係である。筆者が卒業と同時に勤務した病院では、患者が看護師のことも師長のことも「○○さん」と呼んでおり、そこには患者と医療従事者との関係のみならず、お互い相手の名前を呼ぶことで、お互いを知っていますよと伝え合っていた。お互いに親しみを感じることができ、信頼関係の構築に繋がっていた。信頼関係は簡単には築けないが、患者に「あの看護師さんなら」と信頼してもらう方法として、揺るぎない技術があげられる。看護師を志す学生に看護師に必要なものは何かと問うと、「優しさ」や「共感」を最初にあげるが、症状を確実に消失もしくは軽減する技術なくして優しさは意味を持たない。

たとえば、目の前に苦しんでいる人がいるとしよう。技術をもたない心優しい看護師が「辛いですね」、「苦しいですね」、「痛みがあるのにがんばっていらっしゃいますね」と優しく共感的な態度（マズローの承認欲求）で関わる。しかし、患者は苦しみをとってほしい、この痛みを何とかしてほしい（マズローの生理的欲求）と心の底から思っているわけで、その時は優しさや共感よりも今起きている症状を解決してくれる優れた技術をもった人を求めているのである。それも機械的な作業として技術ではなく、優しさと共感を伴った技術である。

また、マズローの欲求から考えると、医療現場では生理的欲求が満たされない場面が多い。しかし、可能な限り生理的欲求の充足を阻害しない関わりが必要である。病院では検温の時間が決まっていることがあるが、あくまでもそれは業務の中に組み込まれた時間であって、患者の日常生活に重きを置いた設定ではない。ようやく、うとうとした患者に「時間だから」と体温を計って起こすようでは信頼関係を深めることができるとは思えない。特に、話ができない患者、例えば赤ちゃんや意識障害のある患者では、医療従事者は自分たちの都合で検査や処置を行いがちである。しかし、家族や周囲の患者はその様子を見ており「あんな対応をされるのでは患者を一人にしておけない」と不安を抱き（マズローの安全欲求が満たされていない状態）、信頼を得ることはできない。安心して任せてもらうためには、誠実さと優しさ、期待を裏切らないこと、そして確実な技術など様々な要素が必要である。それらをバランス良く兼ね備えている医療従事者こそが、患者や家族との信頼関係を自然に築くことができるのであろう。

第８章　身体障害のある人

第１節　障害者に対する偏見や誤解

障害のある人にとって、好奇の目で見られたり、社会的な差別を受けたりすることは本当に悲しく、くやしいことである。ある学者はこの好奇の目のことを**地獄のまなざし**と呼んでいる。このまなざしがある限り、障害のある本人も、まわりの家族も傷つきながら生きていかなくてはならない。

歴史的にみると、いつの時代でも障害者は偏見をもたれ、差別の対象とされてきた。障害のある人が社会の一員として認められ、就職や結婚などの人生の重要な事柄において差別を受けず、生きがいのある人生を送るためには、一般市民の一人ひとりが障害者を適正に理解し、助けあっていこうとする態度をもつことが必要である。

ひとが障害者に対して偏見をもち、差別することは生まれつきのことなのであろうか。「障害者や高齢者に対してよい感情をもたないこと」という情報が遺伝子の中に組み入れられているのであろうか。偏見や差別に関する研究は多くの学問分野で行われているが、どの立場に立っても「障害者や高齢者に対する偏見・差別は、社会や育つ環境によって生まれる」ことが強調されている。障害のある子どもと障害のない子どもを一緒に保育している幼稚園や保育所では、適切な指導があれば、障害児をいたわる気持ちは育っても、いじめや差別したりすることはあまりないと言われている。さらに、障害者に対して偏見をもっている人であっても、偏見を解消させるための教育を受ければ、否定的な態度が改善されることが心理学的に確認されている。つまり、ひとが育っていく社会や環境によって偏見や差別の心が生まれたり、なくなったりするのである。

第2節　偏見や誤解の生じる原因

障害者に対する偏見の生まれ方には以下の4つの要因が関係している。

1．障害者と直接的な接触経験によって生まれる偏見

街の中で障害者と出会う機会は以前に比べてずいぶん多くなっている。出会う前に障害者に対して適切な認識をもっていない場合では、実際に会うことによってむしろ偏見が強まることがある。障害者とふれあい、お互いに理解しあうことはとても大切なことであるが、ふれあう前に障害や障害者に関して、ある程度の認識をもっておくことが必要である。

2．障害者の特徴を強調することによって生まれる偏見

最近ではテレビや新聞、週刊誌などのマスコミに、障害者のことが多く取りあげられるようになった。そのなかにはいろいろな事件との関係で、障害者の奇行や非行の問題がクローズアップされることがある。そのような場合には「障害児は変わっている」、「障害者はこわい」といった偏見が生まれることになる。

また、障害者を過度に賞賛する「障害者＝がんばる姿＝美談」的な取りあげ方が多いのも問題である。「障害者は一生懸命努力して、貧しくとも、けなげに生きなければならない」といった変な見方が生まれるのである。障害者を街で見かけて、すぐに「この人はがんばっているんだなぁ。立派だなぁ。自分も負けないようにがんばらなくちゃ」と感じてしまうことは、大きな偏見なのである。

3．適正な知識をもっていないことから生じる偏見

障害者に関する適正な知識がない場合には偏見が生まれる。例えば、日本で

は仏教思想の影響から「障害者は前世に悪いことをした報いを受けている」とする考え方が根強く残っているが、これも無知にもとづく偏見である。あるいは「ウソをつくと目が見えなくなる」というおどし文句で親にしつけられた子どもは、街で目の見えない人を見た時に「あのおじさんはウソつきなんだ」と感じてしまう。この場合には、成長して知識を得ることで偏見はなくなるが、目の見えない人に対する「何となくネガティブな（否定的な）イメージ」をすべて取り去ることはむずかしいと言わざるを得ない。

4．うわさから生じる偏見

「ひとの口に戸はたてられぬ」というが、私たちも生活の中で、ひとのうわさをすることがあるし、またうわさをされて嫌な思いをすることもある。障害者に関してもひとのうわさになることがよくあり、その無責任な内容から偏見が生まれることがある。

第3節　障害者とより良い人間関係をつくるためのポイント

ここでは、主にボランティア場面などにおける障害者とのつきあい方のポイントをまとめたい。

1．ルールやモラルを守る

当然のことではあるが、待ち合わせ時間を守ること、遅れる場合にはできるだけ早く連絡することなどの常識的なルールを守らなくてはならない。これはボランティアをする人だけの義務ではない。障害者にも同じ義務がある。最近ではほとんどの人が携帯電話を持っているので、お互いに容易に連絡がつくはずである。もしも、障害者がルールを守らないことが原因でボランティアが困ることがあれば、はっきりとそのことを伝えなくてはならない。

また、ボランティアをする人の守秘義務は重要である。障害者に関することは世間で興味をもって、しかも無責任に話されることが少なくない。ボランティアをしている人が近所で立ち話をしている時に、その障害者のことについて少し話してしまい、それがもとで変なうわさが広がり、障害者がアパートから退去を求められたということがあった。

当然であるが、セクハラのような言動も厳禁である。ボランティアにはそういう意識がなくても、障害者が不快に思うことはしばしばある。特に身体に接する必要がある場合には、どのように援助をすればいいのかについて障害者のニーズを十分に聞いておくことが求められる。

障害者との話題にはあまり気を遣う必要はない。障害の有無にかかわらず、相手の人格を尊重した、失礼のない話題を選べばよい。視覚障害者にテレビ番組や景色の話をしてはいけないと思っている人もいるようであるが、そんなことはない。むしろ、まわりの景色や映画、テレビ番組の話を聞かせてほしいという視覚障害者は多い。ただし、ひとつだけ気をつけてほしいのは、プライバシーに立ち入った話題は避けた方がいいということである。障害の原因・病名、受障した時期、受障した時の気持ちなどは、仲良くなれば障害者が自分で話すことが多い。それほど親しくない関係の時に聞き出そうとしてはいけない。

2．自分ができることとできないことを明確にする。それを障害者に伝える

障害者とうまくつきあえるかどうかは、その人の持っている人間関係能力によって決まると言える。同様に、障害者にとってもボランティアの人とうまくつきあうことは、障害者の重要な能力のひとつである。どちらか一方が「がまんしている」関係やボランティアが常に「やってあげている」と思っている関係は、決して長続きしない。ボランティア活動は考え方やニーズを相互に理解しあっている程度の人間関係が前提であるので、一方ががまんをしているようではその関係が破綻するのは当然とも言える。

障害者には自分の障害のために「できないこと」がある。例えば、全盲者は回覧板の内容を読むことができない。バスの行き先表示を読むこともできない。また、日常では「できるけれどやらないこと」もある。例えば、全盲の人

が自分の障害を理由にして、お茶を入れたり、電話をかけられないからボランティアの人やまわりの人に頼みたいと言うことがある。目が見えなくてもそのようなことはできるし、やらなくては、あるいはやろうと努力しなければ、いつまでも誰かに頼らなければならない状態のままである。その場合には、依頼されたことを断っても構わない。「できるけれどやらないこと」の依頼を断ることは、ヒューマニズムに反する行為ではなく、障害者を差別した行為でもない。

また、ボランティアが「やりたくないこと」、「できないこと」がある。例えば、異性の障害者のトイレ介助や着替えを手伝うこと、障害者から夜しばしば電話がかかってくること、セクハラに近い行為をされることなどである。常識的に判断して、障害者の依頼や行為に行き過ぎがあれば断るべきである。「これはやります。それはできないです」と伝えることが大切である。ボランティアは一種の契約関係であるので、始める時点でどこまで援助するのかを決めておくことが必要であるが、困ったことがあればその都度、話しあっておいたほうがいい。

さらに、ボランティアが「してあげる」という気持ちを強くもっている場合も、その人間関係は長く続かない。障害者に対して、援助—非援助の固定化された関係を押しつけることになり、障害者がいつも「すみません」、「ありがとう」と言い続けなければならないからである。人間関係を作るのが上手な障害者は、そのようなボランティアの心の中の期待をうまく把握していて、感謝の気持ちを効果的に伝えることができる。ボランティアの操縦術がうまいのである。

3．ボランティアにはある程度の技術が求められている

「何でもいいから障害のある人の役に立ちたい」という気持ちでボランティア活動を始める人は多い。その気持ちはとても大切ではあるが、気持ちだけでは役に立たない。実際に役に立つ行為を行うことによって障害者をサポートできるのであるから、ある程度の技術が求められるのは当然である。

視覚障害者に本を読む朗読ボランティアでは、読まれる障害者の立場からいうと下手な読み方をされると聞いていて疲れてしまうし、間違って読まれると試験勉強などではたいへんなことになる。また視覚障害者のガイドヘルプや車いすの介助をする場合には、正しい手引きや介助の方法を習得していない人に手を出されると障害者が危険にさらされることになる。最も技術を要するのは聴覚障害者の情報保障を担当する手話ボランティアである。実際には、下手な手話通訳者はほとんど役に立たない。

最初は役に立ちたいという気持ちだけで始めても、徐々に努力して技術を身につけていくことが大切である。ボランティアの努力は障害のある人にも通じるので、そのことによってお互いにより深く理解しあうことができるはずである。

第4節　視覚障害者

1．生理的、心理的特性

(1) 盲と弱視

視覚障害はその程度によって**盲**と**弱視**に分けられる。盲にも、全盲、光覚弁別盲、手動弁別盲、指数弁別盲などいくつかの程度がある。

全盲は明るさもまったくわからない、完全な失明状態のことであり、光覚盲は明るさは何とかわかるけれど、物の形はわからない状態である。手動盲は顔の前で手を広げて振るとわかる程度の状態である。指数盲は目の前の指の数を数えることができる程度であり、「30cm 指数盲」のように、目から指までの距離で表す。手動盲の程度までの視力のある人は、普通の活字（点字に対して墨字（すみじ）とよぶこともある）を読むことが困難なために点字で書かれた本を読んだり、録音された音声を聞いたりすることが多い。また通常、歩行をする際は白杖（はくじょう）を使用するか、あるいは盲導犬を連れて移動する。一般的に言えば、街で見かける白杖を持った視覚障害者はまったく目が見えない人ばかりではないということである。

弱視は視力でいうと0.03以上0.3未満程度であり、通常は普通の活字か、それが見えにくければ拡大してある文字を読む。また、移動の際には白杖を持たない人がほとんどである。したがって、周囲から見ても視覚障害者とはわからない場合が多い。

弱視の人の見え方は目の病気の種類によって大きく異なる。視野に障害がある人では、視力が1.5程度あっても盲に分類されることさえある（これは管状視野といって、ストローを通してのぞいているような見え方になり、日常生活に視覚が活用できないため）。また、色が見えない人もいれば、昼間はある程度見えていても夜間にはほとんど見えない状態になる人など様々である。

(2) 先天盲と中途失明

視覚障害を障害が発生した時期から分類すると、**先天盲**（先天性および早期失明）と**中途失明**に分けることができる。医学的には生まれつきの盲を先天盲、生後失明した盲を中途失明とするが、一般的には生活の方式の違いなどから考えて、5歳以前に失明した人を先天盲、それ以後に失明した人を中途失明と呼ぶ。これは5歳以前に失明した盲人では視覚的なイメージ（視覚表象）をもっていない場合が多く、視覚表象をもっている人とは事物の認識の仕方や教育の方法が大きく異なるからである。

(3) 障害の原因

視覚障害の原因は、医学が発達したこと、衛生を配慮する教育がなされていること、栄養を十分に取れるようになってきたことなどによって大きく変化してきた。1930年あたりまでは、視覚障害者の10人に4人はトラコーマや先天梅毒などの伝染性疾患がその原因であったが、今では伝染性疾患による視覚障害者はほとんどいない。現在では、約3分の2が先天素因（遺伝や奇形など）によるものになっている。また、ビタミン不足による栄養不良を原因とした視覚障害も姿を消している。皮肉なことに、現在では栄養を取りすぎたために糖尿病となり、それに起因する目の病気で視覚障害者になるケースが増加することになった。そのほか、老人性の白内障、青年期に発症するベーチェット病が増加傾向にある。

(4) 心理的特性

① 全盲者は視覚以外の感覚、主に聴覚と触覚を使って日常をすごしている。しかし、一般の人が思っているほど耳がよく聞こえるわけではない。聴力は一般の人とほぼ同じ程度であるが、日常生活の中で「注意して聞く」ことに慣れているため、耳の使い方が上手になっている。

② 身近にある物は手でさわらなければわからない。それはまたたいへん不便なことでもある。大きすぎるもの、小さすぎるもの、熱いもの、汚いものなどをさわることはできないので、言葉の上だけで理解をすることになる。

③ 先天盲の人と中途失明者ではもののとらえ方がかなり違う。中途失明者は目が見える人とほとんど同じ視覚的なイメージをもっているので、例えば「りんご」と聞いたら目が見える人が思い浮かべるのと同じような映像が頭の中に浮かぶ。しかし、先天盲の人ではりんごの手ざわり、味や香りを思い浮かべる人が多い。日常の行動は視覚的なイメージがあった方が安全で、しかも効率的である。しかし実際には、中途失明者は「見えない世界」に先天盲の人ほど慣れていないために、移動や読み書きなどの日常生活能力が十分ではない場合が多い。

④ 中途失明者であって、失明からあまり時間が経過していない人のなかには心理的に不安定な人がいる。人生に絶望し、生きる意義を見いだせなくなり、また失ったものに心を残して、ある時は落ち込み、ある時は怒り、そしてその感情を周囲の人にぶつけることがしばしばある。一般的には、失明してからの時間が長くなるにつれて徐々に心理的に安定してくるが、しかしそれも個人差が大きい。事故や病気で急に失明した場合などでは自殺を考える時期もあるが、その後、自分自身で失明を受け入れて立ち直るのにそれほど長い時間を必要としない傾向がある。しかし徐々に視力が落

ちていって失明するようなケースでは、「また見えるようになるのではないか」という希望的観測をもち、リハビリテーションに積極的に取り組まないで、ドクターショッピングをしたり、民間療法に頼ったりする時期がしばらく続く。それにともない、心理的にも不安定な状態が長く続いてしまう傾向がある。弱視の人のなかでも、病気が進行中の人の場合には中途失明者と同様の心理的特性をもつことがある。

⑤　一般的に、先天盲の人と中途失明者の心理やニーズの傾向を比較すると以下のようになる。

・先天盲の人

a．障害を「不便」と感じている。

b．社会はその「不便」を解消する責任があると考えている傾向がある。

c．それまでの経験（成育史）において「甘え」が許されていれば、新しい事態においてもそれが認められることを前提として、ものごとを進める傾向がある。例えば、「これまで特別支援学校や大学では認められてきた」という思いから、自分が勤め始めた会社に対して多くの要求を出すようなことがある。社会に慣れていないために「企業は学校や福祉サービス機関ではない」という実感をもつことができていないのである。

d．それまでの周囲の対応が適切であれば、適正な考え方をもち、能力を発揮することが多い。

・中途失明者

a．障害を「不幸」ととらえている。受障によって「人生の多くのものを失った」と感じている。

b．受障の年齢が高いほど、自分や社会に適応しにくい。心理的に不安定であったり、社会・会社・家族などに対して攻撃的になったりする。

c．できないこと、うまくいかないことを「自分の障害のせい」と思う傾向がある。障害を理由にして努力を怠ることもある。

d．受障した自分を客観的にとらえ、適応と能力向上の努力をしている者は、人格的にも高く評価される。障害のない人の考え方や立場もわかるので、いろいろなところで大きな役割を果たせる。

2．視覚障害者とよりよい人間関係を築くために

(1) 視覚障害者に対するエチケット

① まわりの状況、自分が今からしようしていることなどを言葉によってその都度伝えること。目で見ればすぐわかることでも、視覚障害者には細かく言葉で伝えなければわからない。例えば、誰かのしぐさなどがおかしくて笑いが起きることがあるが、その際には何がどのようにおかしかったのかを説明してほしい。そうしないと視覚障害者は孤独感を強く感じることになる。

② 複数の人で会話をする際には「Ａさん、昨日はどこに行きましたか」、「Ｂさん、チョコレートを食べますか」などのように、名前を先に言って話すようにする必要がある。誰に話しかけているかがわからなければ会話がうまく進まないし、お互いに話をすることにストレスを感じるようになってしまう。会議の場のように、さらに大人数で話す場合には「西村が発言します」などのように名乗ってから話すとよい。

③ 会話の途中で席をはずす場合には「吉田はちょっとトイレに行ってきます」などのように言う。戻ってきた場合には「吉田が戻りました」と言う。そうしないと、その場にいない人に話しかけたり、目の前にいる人のうわさ話をしたりすることになる。

④ 服が汚れていたり、靴下の色が左右で違ったりなど、目が見えないために生じる不都合なことがある。そのような場合には、相手の気持ちを考えながら穏やかに伝える。恥ずかしい、情けないという気持ちが強くなるので、そのことを伝えた後には別の話題に移った方がよい。

(2) 援助のポイント

ここでは、医療関係者が接することが多いであろうと思われる、主にリハビ

リテーションの段階にある中途失明者への援助のポイントについて述べておきたい。

① 移動の介助

基本姿勢は誘導する人が斜め一歩前を歩く。視覚障害者は誘導する人の肘関節の少し上を軽くつかむ（図８—１）。杖を引っ張ったり（図８—２）、身体を引っ張ったり（図８—３）、押したり（図８—４）しては危険である。誘導する人の背が低い場合には、誘導者の肩の上に視覚障害者の手を置いてもらう（図８—５）。高齢のために足腰が不安定な視覚障害者を介助する場合には、横

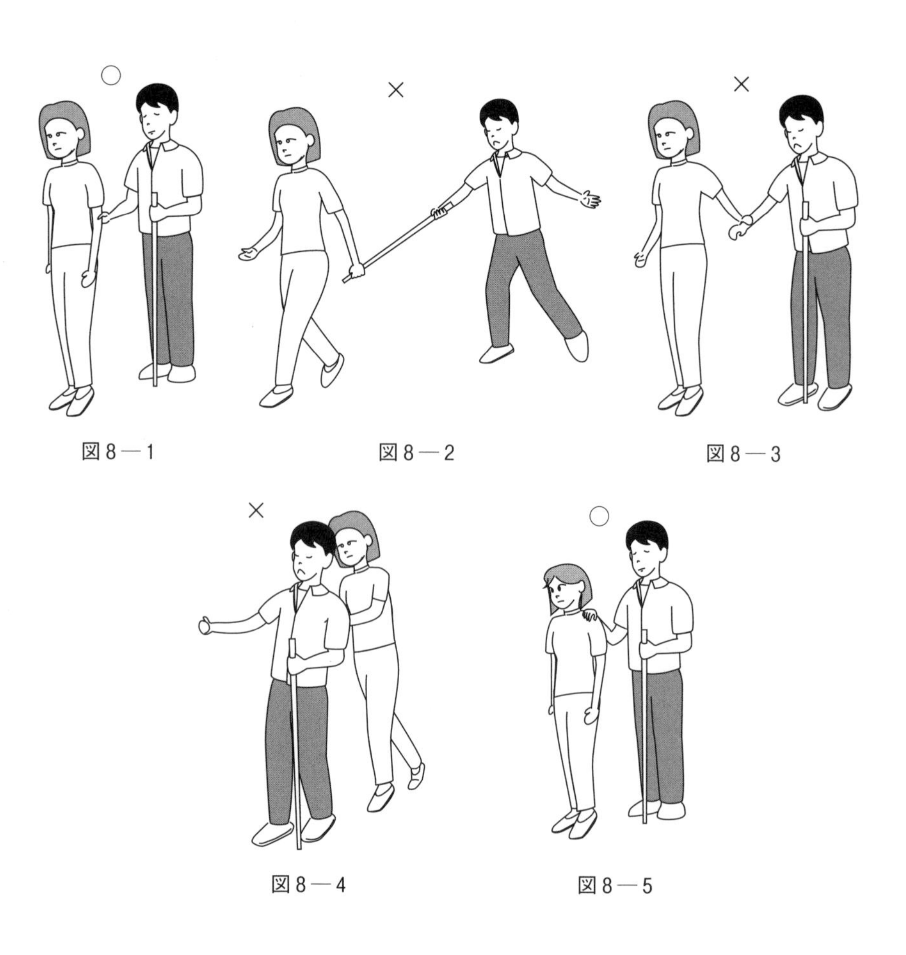

図８—１ 図８—２ 図８—３

図８—４ 図８—５

に並んで手を握り、障害者側の手で腰を抱え込むようにする。

移動の介助で最も大切なのは、視覚障害者の安全を確保するということである。そのためには、多少遠回りになったり、時間がかかったりしても構わない。介助場面で最も危険なことは、段差からの転落、障害物との衝突である。危険を回避するためには、段差・階段の前や障害物の前では必ず立ち止まらなければならない。

② 文字の読み書きの援助

全盲者の使う文字として点字がある。しかし、決して視覚障害者の多くが点字を読めるわけではない。若い頃に失明して点字の教育を受けた人であれば読むことができるが、中途失明者のなかには読めない人も多い。

そこで、郵便物や書類を声に出して読む、あるいはボイスレコーダーに録音するなどの介助を行うことがある。郵便物のなかには、本来ならば他人に知られたくない内容のものも含まれている。郵便物を読む介助を行う場合には、守秘義務を徹底することはもちろんのこと、郵便物や書類の内容について意見や感想を言うことも避けなければならない。

③ 心理的な援助

視覚障害者には話し好きな人が多い。ボランティアや医療・訪問介護などの場面で「生活上の援助は後でいいから、とにかく自分の話を聞いてほしい」という視覚障害者もいるほどである。自分の生い立ちを話し、失明の苦労を話し、今の状況を話し、自分を受け入れてもらおうとする。視覚障害者に限らないが「見えていた頃は、ああだった、こうだった」と自慢をする人も少なくない。過去の自慢や能力・経済力の自慢は聞いていてもあまり楽しいものではないだろうが、これらは失明した自分の価値を再確認している行為であるので、カウンセリングマインドをもって、少しおつきあいしてあげてほしい。

カウンセリングマインドをもって話を聞く場合に大事なことは、話を傾聴することと繰り返すことである。傾聴することとは、障害者が話す言葉とその言葉に込められた想いを共感的に聴くことで、言わば、一生懸命になって「わかろうとして」聴くことである。援助者がそのような態度で接すれば、障害者はますます自分を理解してもらおうと積極的に話すであろうし、それを聞いてくれる援助者に対する信頼感は増していくはずである。繰り返すこととは、障害者が表現した言葉や感情、話した内容を聞き手が繰り返すことである。繰り返しには、聞き手が相手の話をしっかり聴いて理解していることを伝えること、相手に自分が何を話したか、どのような感情であるかを再確認してもらうこと、それによってさらに話の焦点を絞っていけることなどの意味がある。時として、家族や医師、看護師、ホームヘルパー、近所の人などの第三者に対する激しい攻撃の言葉が出てくることがあるが、この場合には障害者のうそや善悪を問題にして責めたり、また同調したりするのではなく、「この人はこのように考えているんだなぁ」と相手の感情を認めてあげることが大切である。

第5節　聴覚・言語障害者

聴覚・言語障害とは、聴覚や言語などコミュニケーションに必要な器官に何らかの障害のある状態を指す。本節では、これを耳に障害のある聴覚障害と言葉に障害のある言語障害に分け、両者の実態や人間関係を築く上で必要なマナーについて説明する。

1．聴覚障害

(1) 生理的・心理的特性

①　ろう・難聴

聴覚障害は、その程度によって大きくろうと難聴に分けることができる。一般的には聴力損失の程度が大きく、補聴器や人工内耳（以下、補聴器等）を使用しても音声言語での会話に著しい困難を示す状態を**ろう**、聴力が比較的軽く、補聴器等を用いれば通常の会話が可能な状態を**難聴**と言う。

また、聞こえの状態を推測するための手がかりに障害の部位がある。音は、耳介（じかい）から外耳道（がいじどう）を通って鼓膜（こまく）に届き、耳小骨（じしょうこつ）を経て内耳で生体の電気信号に変換され、脳に伝えられる。このうち耳介から耳小骨の間に障害があるものを

伝音性難聴と言い、内耳以降に障害があるものを**感音性難聴**と言う。それぞれの聞こえには、次のような特徴がある。

・伝音性難聴：音が小さく聞こえる
・感音性難聴：音が小さく聞こえるだけでなく、途切れたり、ゆがんだり、高音など、一部の周波数帯だけが聞き取りにくかったりする
・混合性難聴：伝音性難聴と感音性難聴の両方の特徴がある

一般的に、伝音性難聴は60dB以上の大きな聴力損失を伴うことはなく、補聴器等の使用や外科的な手術によって一定程度、聴力が回復する可能性が高いと言われている。逆に感音性難聴の場合、補聴器等の使用によって音を増幅しても明瞭に聞き分けられないことがあるので、聴覚の活用の程度は個人によってまちまちである。そのため必要に応じて手話や**読話**（どくわ）（口の形を手がかりに相手の言葉を理解する方法）などの視覚的手段を有効に活用することが望まれる。

②　先天性聴覚障害・中途失聴・老人性難聴

聴覚障害を発生した時期によって分類すると、**先天性聴覚障害**と**中途失聴**の二つに分けることができる。先天性聴覚障害というのは、生まれつき耳に障害がある状態で、聴力の程度によって先天性ろうと先天性難聴の二つに分けられる。また、言語獲得期以降（約５歳以降）に失聴した状態を中途失聴と言うが、このうち高齢になってだんだんと聴力が衰えてきた状態を特に老人性難聴と言う。

老人性難聴は、加齢に伴って内耳や聴神経の機能が衰えて聞き取りづらくなるものであり、特に高い音から障害が現れることが多い。ただ、聴力は30歳ぐらいから徐々に低下しはじめるので、自覚症状が少なく、発見が遅れてしまうことが少なくない。また、本人や周囲の人が気づかないうちに難聴が進行してしまうと、周囲の声かけに応答できず、認知症などの症状に混同されることもあるため注意が必要である。

(2) 心理的特性

① ろう者の場合

ろう者の多くは残存聴力を活用して音を聞くほかに、手話や読話を用い、視覚的な情報を有効に活用しながら情報を取得している。しかし、その実態は個人の受けた教育歴や背景によって大きく異なる。例えば、読話や聴覚活用といった手段（口話（こうわ））のみで生活してきたため手話は必要ないと考えている人、日本語と手話の両方を自由に使いこなし、場面に応じてコミュニケーション手段を使い分けている人、声や耳を使わず手話を自分の言葉として用い、聞こえる人に対しては主に身振りや筆談を使用している人などがおり、その状態は千差万別である。

また、幼い頃に十分な教育を受ける機会を得ることができなかったために、日本語によるコミュニケーションを苦手としている人も少なくない。この中には、もっぱら手話を通して情報を得ている人や、高齢の聴覚障害者で、ろう者集団と関わる機会が得られず、家族などごく親しい人の間のみで通じるホームサイン（簡単なサイン）や身振りのみで生活せざるを得ない状況にある人もいる。

特に若い世代の聴覚障害者の中には、ろうを“耳が聞こえない障害”というよりは、“手話を言語として用いる集団”ととらえ、ろうであることにアイデンティティを感じ、自分達の文化を尊重してほしいと考えている人もいる。

いずれにしても、ヒューマンサービスに携わる立場の人には、一人ひとりのコミュニケーションの実態や、障害に対する考え方を理解し、根気よく相手の気持ちをくみ取ろうとする努力が必要とされる。

従来、聴覚障害者の心理特性として、自我構造の硬さ、情緒的未成熟、衝動性、攻撃性、自己中心性などが指摘されてきた経緯がある。しかし、これらの多くは、コミュニケーション上の問題や必要な情報を十分に得られない環境にあったことなど、聴覚障害者を取り巻く環境との相互作用の中で浮かび上がってきた像であり、聞こえないことが、こうした心理特性に直結すると考えてしまうことには問題がある。実生活の中でも、自分の意見を伝える機会が与えられずに周囲に依存的になってしまったり、少ない情報から判断を下したために周囲から自分勝手であると見られてしまうなど、人間関係上の問題を抱えていることがある。しかしヒューマンサービスを提供するなかでは、いずれの場合も、まずは十分なコミュニケーション環境が与えられていたかを疑ってみることが必要である。

② 中途失聴者・難聴者の場合

難聴者は、通常、補聴器等を用いて残存聴力を活用しながら、必要に応じて読話などの視覚手段を併用してコミュニケーションを行っていることが多い。ただし、聞こえの状態は周囲の環境によって様々に変化するため、それによって難聴者の心理状態も不安定になることがある。例えば、補聴器は周囲の雑音まで大きく増幅してしまうため、レストランや電車の中など、まわりの音がうるさい環境では、普段聞こえていた人の声が聞こえないことがある。また、難聴者の多くは相手の口の動きや表情、身振りなどの視覚的手段を手がかりとしながら話をしているため、1対1の会話ではスムーズに話ができても、会議や複数の友達の間での会話など、発言者が次々に変わる状況では会話についていけなかったりする。

このほか、早口の会話は苦手であったり、聞きなれていない言葉は聞き取りにくい、若い女性の高い声が聞きづらいなど、個人によって様々な状態があり、その場の環境によって聞き間違いや聞き逃しが増えるため、このことが理解されないと人間関係のトラブルにつながることがある。

また、聞こえたり、聞こえなかったりという不安定な状態が、健聴者でもろう者でもない不安定なアイデンティティにつながり、「聞こえていないことを人に知られたくない」という思いと、「聞こえていないことを知ってほしい」という思いの二つの相反する感情を同時に抱かせることも多い。そのため、時には聞こえない人として扱われることに抵抗を示して、周囲の人の配慮を拒んでしまったり、聞こえていないことを指摘されて気分を害してしまったりすることがある。

その反面、心の中では、わからなかった部分をさりげなく伝えてくれる友人を求めていることもあり、状況は複雑である。さらには、自分の置かれた状態をわかってほしいと難聴者の立場について強く訴えたりすることもあるが、いずれもよき理解者を探そうとする気持ちの表れであるため、その気持ちを受け止め、暖かく見守りたいところである。

2．聴覚障害者とよりよい人間関係を築くために

(1) 聴覚障害者に対するエチケット

① 聴覚障害に限らずコミュニケーションに障害がある人と関わるときには、まず「通じないかもしれない」、「わからないかもしれない」という不安を捨て、本人と直接関わろうという気持ちをもつことが重要である。そのため、何かを話しかけたい、尋ねたいときには、直接本人に尋ね、本人の話に耳を傾ける必要がある。これは、たとえ身近に本人の家族や知り合いがいても同じで、周りの人に聞くのではなく、本人との直接的なコミュニケーションを大事にしたい。また、話が通じづらいときに途中で会話することをやめてしまったり、わからないのに適当に返事をしたりすると、聴覚障害者にとっては切り捨てられたような気分になってしまう。そのため、たとえ時間がかかってもいろいろな手段を使って伝えよう、わかろうとする気持ちをもってほしい。

② 複数の人が一緒に話をするときには、聴覚障害のある人も一緒に輪の中に参加できているかどうかに気を配り、ときどき話がわかるような手がかりを与えたり、質問形で話しかけるなど、会話に加わるためのきっかけを作るように配慮したい。その際「～さんはどう？」などと突然尋ねられると、流れがわからず、よけいに聴覚障害者が答えられなくなることがある。したがって、例えばテレビ番組について話しているのであれば、「昨日の○○見た？」と今話されている話題を伝えたり、「～さんは何か好きなテレビある？」と何を聞いているのかを明確にして尋ねる配慮があるといいだろう。また、直接本人に尋ねる時だけではなく、まわりで聞こえる人同士が話をする場合も、聞こえない人が目の前にいるということを忘れ

ずに、できる限り筆談や手話を併用したり、ゆっくり口を見せながら話をして、会話の全体の流れがわかるように注意したいところである。

③ 聞こえる人の中には、聴覚障害者への配慮から「聞こえなかったら言ってね」、「わからなかったら聞き返してね」と伝える人も多い。このような声かけは聴覚障害者の心理的負担を取り除くよいきっかけになる。しかし、会話が盛り上がってくるとその場の雰囲気を壊してしまうのではないかと、なかなか聞き返せないことも多く、効果を発揮しづらいのも事実である。また、聴覚障害者にとってはその場に情報があるということ自体がわからないため、聞き漏らしている情報に気づかず尋ねようにも何をどう尋ねてよいのかわからないこともある。そのため、会話のなかで「今の話は伝わらなかったかな」と感じたときや、連絡や変更など必要な情報があったときには、できるだけ聞こえる人の側からも「へえ、～なんだって」と繰り返してみたり、「こんな話を聞いたんだけど知ってる？」などと積極的に伝えていくとより多くの関わりをもつことができるだろう。

④ 日常的なコミュニケーション手段として手話を用いている聴覚障害者にとって、手話は非常に大切な言語であり「少しでもいいから手話をおぼえて使ってくれることで、気持ちが通じあえる気がする」と言う人は多い。同時に筆談についても、「相手が自分のペースに合わせてくれるという安心感がある」とする人が多く、些細なことであっても筆談や手話を使って通じあえることが望まれているようである。そのため、「こんなことをわざわざ書いて伝えるのは迷惑だろうか」、「手話が下手だから通訳者に任せた方が……」などと躊躇（ちゅうちょ）するのではなく、積極的に話しかけていくことが人間関係を深める第一歩になるだろう。

⑤ 聴覚障害者のなかには、敬語の使い方が苦手であったり、相手にお願いをするときにぞんざいな言い方をしてしまったり、漢字の読み方がわからないなど一見常識に欠けているかのように見えてしまう場面がある。また、聴覚障害者のなかには、日本語の読み書きが不得意な人も少なくなく、メールや文字によるやりとりなどで、気持ちのすれ違いが生じる場面

があるかもしれない。しかし、これらはいずれも聴覚的な情報が得られないことによる二次的な障害であり、その人の本質的な能力を表すものではないことに注意したい。また、こうした不自由さが原因で社会生活に支障をきたしたり、人間関係にトラブルが生じるような場合には、望ましい表現方法を上手に伝えていくとよい。しかし、その場合であっても、「常識がない」などと一方的に聴覚障害者を責めることは避け、まずは互いにどのような思いであったのかをうちあけ、本人の心情をくんだ上で不適切な部分を指摘するようにしたい。

(2) コミュニケーションのとり方

聴覚障害者とコミュニケーションする際に用いることができる手段には、紙に文字を書いて伝える筆談や、手や表情などを用いてことばを伝える手話、ゆっくりはっきりと話し、聴覚障害者は補聴器を通して聞こえる音や話し手の唇の動きを元に言葉を読み取る口話などがあり、他に身振りや空書(くうしょ)、絵・写真なども有効に活用できる。

一般的に、ろう者の中には手話を、難聴者の中には口話を主なコミュニケーション手段とし、必要に応じて筆談を併用している場合が多いが、先にも述べたとおり本人が快適に使用できるコミュニケーション手段は人によって異なる。このため、いずれの場合も「書いた方がよいですか？」、「ゆっくり話した方がよいですか？」などと声をかけて確認してから話を始めたい。また、一度コミュニケーション手段を決めて会話を進めても、途中で通じにくいと感じたときには、ひとつの手段にこだわらず、実物を見せたりコミュニケーション手段を変えてみるなど、お互いが一番通じあえる手段を一緒に探していく気持ちで話を進める必要がある。

また、日常的には聴覚障害者本人とその人たちを取り巻くまわりの人たちとの間で直接的なコミュニケーションをはかることがとても重要であるが、医療関係の手続きをしたり、手術や入院の説明をするなど、内容を完全に理解してもらう必要がある時には、手話通訳制度を利用したり、本人や関係者と確実にコミュニケーションがとれる聴覚障害者に間に入ってもらって情報を正確に伝えることも信頼関係を築くために大切な手段の一つである。

3．言語障害

(1) 生理・心理的特性

言葉を発したり、使用したりする過程に何らかの障害がある状態を、一般に**言語障害**と言う。この中には音声の障害、構音の障害、言語機能の障害などが含まれるが、ここではこのうち代表的な例をいくつか取りあげて紹介する。

① 音声の障害

音声障害は、発声・発語器官の形態や機能に障害があるために、声の質や高さ、強さ、持続時間などに異常が生じる状態を言う。具体的にはアデノイドや喉頭癌、ポリープといった病変やその治療によって、発声・発語器官の形状が変化してしまった器質的障害や、心理的要因などによる機能的障害などがある。

このうち、喉頭癌などの病気のために、喉頭（声帯）の摘出手術を受けた例では、症状によって声帯全体を切除せざるを得ないことがある。この場合、通常の発声を行うことができなくなるため、振動する小型マイクのような電動式人工咽頭をのどにあてて声を出したり、呼吸器官の代わりに食道に空気を送り込み、これを吐き出す際に、咽頭や食道粘膜を振るわせる食道発声という方法で発話を行うことになる。

② 構音の障害

構音というのは、文字通り音を作りだすという意味である。「アイウエオカキクケコ」といった音を正常に作って発することが難しい状態を構音障害と言う。これには、発声・発語をつかさどる神経や筋肉の麻痺によって発語が困難になる運動性構音障害や、先天的な形成不全や手術等によって発声・発語器官の形状に異常が生じる器質的構音障害、はっきりとした器質的異常はないけれども特定の語音を習慣的に誤って構音してしまう機能性構音障害などが含まれる。

このうち運動性構音障害は、まひ性構音障害などともよばれ、脳性まひや事故の後遺症などの原因で生じる。言語中枢には障害がないため、知的障害やほかの障害が重複していない限り、言葉を聞いたり、文章を作ったりといった能力は障害されない。コミュニケーションの方法は人によって様々であり、自分の声を用いる人や、ひらがなの五十音表やコミュニケーションボードを用いる人、トーキングエイドといってボタンを押すと声が出る機械などを用いる人もいる。

また、器質性構音障害には舌癌などのために舌の切除手術を受けた例や口蓋裂によるものなどがあり、このほかに吃音などの流暢性やプロソディー（リズム）の障害も、広い意味では構音障害に含めることができる。

③　言語機能の障害

先天的あるいは脳血管障害や事故などの外傷による後遺症で大脳に何か障害が起こった場合、言葉を理解したり、頭の中で文章を構成したりといった言語の機能そのものに障害が生じることがある。このうち先天的なものには、知的障害に伴う言語発達遅滞や言語の機能の発達のみが遅れる特異的言語発達遅滞、後天的なものとして失語症などが挙げられる。

失語症は、大脳に生じた病変によっていったん獲得した言語の記号体系が障害され、聞く、読む、話す、書くの４つの機能がうまく行えなくなる状態を言う。症状は個々によって様々で、先に挙げた４つの機能がどのように障害を受けているかによって、言いたい言葉を正しく表出できなかったり、単語や音を誤って発してしまう、聞いた言葉が理解できない、理解はできるけれど表出に著しく障害があるなどの状態が生じる。また、一般的に言語中枢は脳の左半球に存在するため、右半身のまひを併発したり、脳の障害された部位によっては、失行症、失認症などの高次脳機能障害を伴うことがある。

④　心理的特性

言葉によるコミュニケーションに障害が生じると、自分の考えや感じたことを相手に伝えることが困難になり、その結果、多くの人が多かれ少なかれ何らかのストレスを感じることになる。ただ、こうしたストレスは相手との関係により大きく変化することを忘れてはならない。このため、周囲の人々がどのように関わっていくかが、本人の心理的負担を軽減するための重要なポイントになる。

また、本人の言語障害に対するとらえ方は、もちろんひとによって様々であるが、一般的に脳性まひに伴う運動性構音障害や吃音など先天的に障害のある人の場合、障害を治そうとするよりも、言葉の障害とうまくつきあっていこうという発想を持っていることが多い。逆に事故や病気によって後天的に障害が生じ、その後あまり時間がたっていないような場合には、心理的にも不安定で、思いが伝わらないもどかしさから、家族やまわりの人に当たってしまったり、ふさぎこんでしまうことがある。特に、失語症で知的機能に衰えがないような場合には、言葉を使用できなくなることで自己効力感を失い、自分が無能になってしまったような気持ちに陥ることもある。

(2) 言語障害者とよりよい人間関係を築くために

① 言語障害の種類や程度にかかわらず、言葉に障害がある人と話をするときには、せかさないでゆっくり時間をとって本人の話に耳を傾けることが大切である。また、本人が言いたいことを先取りしたり、勝手に想像してしまうのではなく、落ち着いて最後まで話を聞く姿勢をもちたい。

② 発音が曖昧な人と話をするときには、本人が話した内容を復唱しながら話を聞き、その都度自分が聞き取った内容が正しかったかどうかを確認してから返答するようにする。発音がはっきり聞き取れないときには、決してわかったふりをせずに聞き返し、時間がかかってもいいので、きちんと本人が言いたいことを理解しようとしてほしい。その際、単に何度も同じ言葉を繰り返させるのではなく、「○○の話？」と質問して手がかりを得たり、「○○が何？」などと聞き取れた範囲を明確に伝えると、本人も話す意欲を失わずに伝えることができるだろう。

③ 失語症用の会話ノート（図8―6）や音声に障害のある人が使用するコミュニケーションボード、50音表、絵カード、メモといった道具も有効に

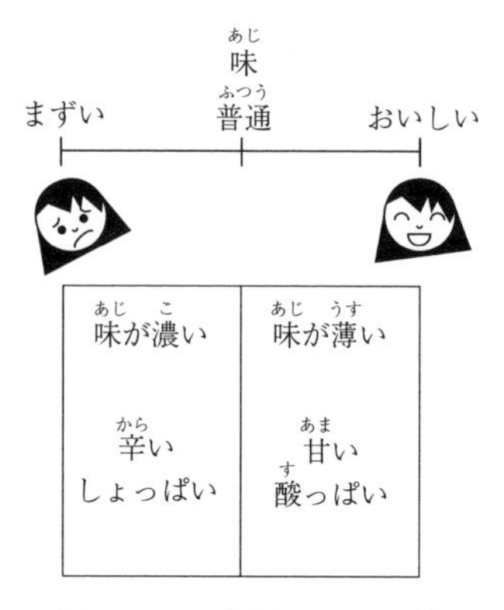

図8—6　会話ノートの例

活用できるが、まずは本人がどのようなコミュニケーション手段を望んでいるのかを知ることが大切である。言葉に障害のある人のなかには、多少不便であっても自分の声で伝えたいという気持ちを強くもっている人もいるため、聞き取れないからといってすぐに紙を渡して書くように言うのは禁物である。

④　複数の人と一緒に話をしているときには、本人が会話の中に参加できるように配慮する。このとき、言葉を発するときに時間がかかる人の場合、発言のタイミングがつかめなかったり、言いたいことがあっても雰囲気を壊してしまうことを恐れて黙り込んでしまったりすることがある。そのため、ときどき話題を向けて発言のチャンスを与えたり、たわいない話題であっても本人の話にみんなで耳を傾けるように心がけたい。

⑤　失語症の人と話をする際には、言葉をうまく引き出すために、単語や簡単な言葉で答えられるように質問の仕方を工夫したり、焦らせないで言葉が出てくるのを待つ姿勢が大切である。通じにくいときには、何度か繰り返したり、表現を変えたりして、ゆっくり間をおきながら話をし、物の名前を思い出せずに苦労しているような場合には、実物や絵カードなどを用いて何らかの手がかりを与えるとよいだろう。ただし、失語症は概念を言葉として構成していく過程そのものに障害があるため、五十音表などの単

音を指す方法はかえって失語症者を混乱させてしまうことが多い。したがって、ひらがなよりも漢字をイラストや図などと一緒に提示したり、市販の会話ノートを用いるなどの工夫が必要である。

第6節　肢体不自由者

1．生理的、心理的特性

(1) 肢体不自由者の数と障害の原因

肢体不自由者とは、上肢、下肢、体幹に障害のある者および乳幼児期以前に起こった脳の病変がもとで運動機能に障害のある者（非進行性の者）のことである。

肢体不自由の原因は、交通事故や労働災害事故などによる脊髄損傷・頚椎損傷、四肢の切断、脳溢血（いっけつ）や脳梗塞（こうそく）などの脳血管障害、脳性まひなど、様々である。数としては脳血管障害、骨関節疾患、脳性まひの順に多いが、原因不明・不詳の者が約4割に及び、有効な治療方法がないままに後遺症が残っている肢体不自由者が多いことがわかる。

(2) 脳性まひ

肢体不自由のなかでも**脳性まひ**は特徴的な障害である。これは、胎内、周産期または乳児期早期（生後4週間以内）に生じた脳の非進行性の病変から起こる中枢神経系の障害であり、その症状が満2歳までに出現したものとされている。母体の風疹等の病気、血液型不適合などによる新生児核黄疸、分娩時の外傷、難産や新生児仮死による酸素不足などが原因である。障害の程度は、スポーツで活躍している人から寝たきりの状態の人までと様々である。

脳性まひはその障害の現れ方によっていくつかのタイプに分類されている。子どもの場合には、そのタイプの違いによって治療や指導方法が異なることがある。痙直型は脳性まひの中で最も多い型であり、手足がつっぱりスムーズに動かない。アテトーゼ型は痙直型に次いで多い型であり、手足を動かそうとすると、自分の意思とは関係ない動きが出てくるという症状がある。この他に、強剛型、失調型、振せん型などがある。

脳性まひは運動の障害が主な症状であるが、症状がそれだけに限られていることはほとんどなく、多くの場合にはその他の症状があわさっている。言葉を発するためにはいくつかの器官の協調的な筋肉活動が必要であるが、脳性まひ者は筋肉のコントロールに障害があるため、約7割の脳性まひ者に言語障害があると言われている。また、約3割にてんかんがあり、さらに約半数に知的障害があるとされている。さらに、乱視、近視、斜視、同じものを見つめ続けることができない固視異常などの視覚障害、聴覚障害（特に高音域の難聴）、物事にこだわりすぎて融通（ゆうずう）がきかない、自分の感情をコントロールすることが苦手であるなどの行動上の問題があるケースがある。

(3) 心理的特性

ここでは中途障害者の心理的特性を中心に述べることにしたい。

肢体不自由者は、車いすや杖を使用していたり、歩き方に特徴があったりと周囲から注目されやすい存在である。そのため障害がある身体の部位に対する意識が強調され、**ボディ・イメージ**（身体像）がゆがみ、また生活全般において消極的になり、劣等感をもつことが多くなるという傾向がみられる。

中途障害の肢体不自由者は、本章第4節で述べた中途失明者の場合とほぼ同様の心理的特性をもつ。すなわち、障害受容の問題が大きく影響するのである。突然の事故や病気のために身体の一部やその機能を失ったとき、その現実の自己の姿と置かれた立場を受け入れ、自分にも社会にも適応した行動をとることができる状態が「障害を受容している状態」である。障害者になって何十年たっても自分の障害を受容できない人もいれば、早期に障害を受容し、1～2年で社会復帰できる人もいる。**障害受容**はリハビリテーションの効果やQOL向上に大きく関わっている。精神的に不安定な状態で、混乱と苦悩のなかに生きている人であれば、リハビリテーションには積極的に取り組めないであろうし、自分の生活を少しでもよくしようとする意欲もわかないであろう。

ひとは人生の途中で障害者となった時、ある程度共通した心理的変化の過程を通ることになる。その一例を挙げると、受障→精神的打撃（とにかく大きなショックを受ける）→否認と治癒期待（「必ず治るはず」と信じ込む）→パニック（治っていかない現実を前に、障害から目をそむけることができず収拾がつかない状態になる）→怒り（やり場のない怒り、なぜ自分だけが苦しむのかという思い）→敵意（障害のない人たちに対する敵意、恨み、嫉妬）→孤独感と抑うつ→無関心・意欲の欠如（日常生活の目標を見失った空虚な気持ち、何もしたくない状態）→あきらめと現実の直視（再生への第一歩、自分の置かれた状態を冷静に見ようと努力しはじめる）→新しいアイデンティティの獲得（新しい価値観を獲得、自分にできることを認識し、できないことの補償方法を現実的に考えられるようになる）。

障害受容の過程に時間がかかるかどうかには多くの要因が関わっている。受障の年齢、家族形態、事故か疾病か、経済的状態、進行している症状があるか、そしてそれまでの性格（病前性格）などがその要因の例である。

ひとは日常ではほとんど意識していないが、自分の身体について一定のイメージをもっている。この身体像をボディ・イメージとよぶ。突然の事故や病気によって、それまで持っていたボディ・イメージが崩れると、自分の価値を見いだせなくなり、心理的に非常に不安になる。「自分はこのような身体になって生きていけるのか」、「生きていく価値はあるのだろうか」などと悩むことになる。機能面だけから考えれば、例えば、足の機能がなくなれば、義足や車いすなどの補償手段を使えばいいことであり、受障した本人もそのことに気がついているのであるが、気持ちの上で納得がいかない状態が続くのである。人間にとって、それほど心と身体の関係は深いものである。

中途障害者がボディ・イメージを再構築しようとしている時期に、病院や施設などで自分と同じような障害者を見たり、患者会などで話を聞いたりすることは、自分のボディ・イメージの修正にたいへん役に立つ。

2．肢体不自由者とよりよい人間関係を築くために

(1) 脳性まひの人に対するエチケット

脳性まひの人の多くにコミュニケーションの問題がある。話す言葉が聞き取りにくいことが多いのである。そのような場合には、基本的には話がわかるまで何度でも話してもらって構わない。脳性まひの人は「とても苦しそうに話している」ようにみえるので、「自分がわからないからといって何度も尋ねてはいけない」と思い込む人がいるが、その心配はあまりしなくていい。意思が通じることの方が重要であり、障害者もそれを望んでいることが多い。

コミュニケーションを上手にとるためには、身ぶりや表情を読み取る、逆に自分から選択肢を出して脳性まひの人が「はい・いいえ」のしぐさで答えるようにするなどの工夫が必要になる。脳性まひの人が話していることがわからないからといって、決して介助をしている人に「何て言っているのですか？」などと尋ねてはいけない。「仲間はずれにされた」と強く感じさせてしまうことになる。もちろん、勝手に「こう言っているんだろう」と解釈してもいけない。これ以外のエチケットに関しては本章第3節を参照のこと。

(2) 援助のポイント（車いすの扱い方）

次ページに基本的な車いすの扱い方を示した。どの場合も、いきなり車いすを押しはじめるのではなく、必ず声をかけて、車いすの人が「何をどのようにすることを望んでいるのか」について十分に把握してから援助をしてほしい。くれぐれも「これでいいはず」というように、勝手な思い込みで援助をすることがないようにしたいものである。

車いすの開閉

●ひろげるとき

①ブレーキをかけ、外側に少し開く。
②シートを上からおしひろげて固定し、フットレスト
をおろす。

●折りたたむとき

①フットレストを上げ、車いすの横に立ち、両手で
シートの中央の前後をつまみ上げる。
②シートをひき上げて折りたたむ。

車いすの取り扱いのポイント

●ブレーキ

ブレーキをかけるときは、グリップを片手でにぎり、もう一方の手でブレーキをかける。反対側のブレーキもかける。

●キャスタの操作

キャスタを上げるときは、ティッピングレバーに足をのせて、グリップをにぎって下にひく。おろすときは、ティッピングレバーをふみながら静かにおろす。

坂道での操作

●上り坂

介助者はからだを前に倒してしっかりふみしめながら、おしもどされないように力を入れておす。

●下り坂

後ろ向きでゆっくり、一歩ずつさがる。ブレーキを軽くかけてさがるとより安全である。

段差がある場所での操作

●低い段を上がるとき

キャスタを上げて段の上にのせ、後輪をおして上げる。

●段をおりるとき

介助者は段の下におり、まず後輪をおろす。次にキャスタを上げ、後ろにぐっとひいて、段からそっとおろす。

第９章　発達障害のある人

第１節　発達障害とは

１．わかりにくい障害特性

生まれつき脳の機能に何らかの障害があるために、認知や運動、言語、知覚などの発達に遅れや偏りが見られ、日常生活を送るうえで様々な問題を抱えている状態を**発達障害**という。発達障害は身体障害とは異なり、一見して障害があることがわかりにくいために、周囲から変わった人と思われたり、「怠けている」「反抗的だ」などと誤解を受けたりしていることが大きな特徴である。

ひとは誰もが得意なことや不得意なことがあり、日常生活で困難を感じることがある。しかし、発達障害のある人は**定型発達**の人（発達障害傾向がみられない人）に比べて、日常生活で多くの困難を感じ、また困難の頻度がはるかに多い。なぜならば、発達障害のある人は得意なことと不得意なことの差が激しかったり、考え方に歪(ゆが)みがあったりするために、学習面で大きくつまずいたり、コミュニケーションをうまくとれなかったりすることが多く、日常生活や社会生活に大きく支障が生じてしまうからである。

また、発達障害傾向が軽度である場合に、その人自身も自分の障害特性に気がつかないことがある。考え方や感じ方などは、物心がついた時から続いているため、他の人と比べることが難しく、それが当たり前の状態であると思ってしまう。そして、物事がうまくいかない場合に、他の人のせいにしてトラブルが生じたり、逆に自分の能力や努力が足りないせいだと自分を責めてしまい、心理的に追い込まれてしまうことがある。

2．発達障害の分類と障害名

発達障害を診断する際には、米国精神医学会が作成した**DSM-5**（精神疾患の診断と統計マニュアル第5版）が使用されることが多い。DSM-5では、発達障害を 1）知的能力障害群、2）コミュニケーション症群、3）自閉症スペクトラム症／自閉症スペクトラム障害、4）注意欠如・多動症／注意欠如・多動障害、5）限局性学習症／限局性学習障害、6）運動症群／運動障害群に分類している。

DSM-5とは別に、WHOが作成した**ICD-10**（国際疾病分類第10版）も国際的に広く使われている。日本では、医療機関ではDSM-5を、行政機関ではICD-10を用いることが多い。DSM-5もICD-10も発達障害のとらえ方に大きな違いはないが、発達障害に含まれる個々の障害の名称に多少の違いがある。例えば、DSM-5では「自閉症スペクトラム症／自閉症スペクトラム障害」と呼んでいるが、ICD-10では「広汎性発達障害」と呼び、その中に自閉症やアスペルガー症候群などを含んでいる。また、日本の**発達障害者支援法**はICD-10に基づいて作成されており、この法律内で使用されている障害名はICD-10に示されている障害名である。そのため、発達障害の定義は「自閉症、アスペルガー症候群その他の広汎性発達障害、学習障害、注意欠陥多動障害などの脳機能の障害」と記されている。

なお、この章ではDSM-5、ICD-10の考え方を反映しながら、従来から日本で広く使用されている障害名である**自閉症スペクトラム障害**、**ADHD**、**知的障害**、**LD**という表記を用いることにする。

3．発達障害のある人の割合

文部科学省が2012年に行った調査によると、通常学級に在籍している児童生徒の中で、発達障害の傾向がみられる（医療機関における診断はないが、学習面や行動面で教師が教育上の配慮が必要であると思われるケースを含む）割合は6.5%であった。特別支援学校や特別支援学級に在籍する1.4%の児童生徒を合わせると、7.9%の児童生徒に発達障害の傾向があり、決して少ない数ではない。なお文部科学省の調査では、通常学級に在籍する発達障害傾向のある子どもの割合は、小学1年生では9.8%であったのに対して、中学3年生では3.2%に減っている。発達障害は成長にともなって（医学的な意味で）治ることはないが、日常生活での困難が少なくなったり、障害による特性が目立たなくなることがあることから、年齢とともに発達障害傾向があると考えられる子どもの割合が減少している。

大人の発達障害者の割合ははっきりとはしていないが、発達障害の概念が広がったため、年々、発達障害の診断を受ける人が増えている。厚生労働省が行っている調査によると、発達障害に関するカウンセリングや診断を受けるために医療機関を受診した人数は2002年では3万5千人であったのに対して、2014年では19万5千人に増加している。かつては発達障害があっても、知的障害を伴わない場合には支援の対象にならなかったが、2016年に発達障害者支援法が改正され、知的障害を伴わない発達障害のある人も支援を受けられるようになった。今後、さらに医療機関を受診して診断を受ける人が拡大するであろう。

なお発達障害は、自閉症スペクトラム障害などの一つの障害だけが単独で存在するのではなく、程度の差はあっても、自閉症スペクトラム障害とADHDの併存といったように、複数の障害がある場合が多い。

4．周囲の対応の必要性

発達障害傾向のある子どもは、適切な環境で教育を受けることによって、発達上の偏りはあっても、能力を十分に発揮していくことができる。発達障害のある大人においても周囲がその人の特性に合った対応を行うことによって、生活上の困難が軽減される。

しかし、障害特性に応じて周囲が適切な対応を行わなかったことによって、発達障害のある人に**二次障害**が生じることがある。子どもの場合には、保護者や教師から特性を理解してもらえず、「どうして、みんなと同じようにできないの？」、「みんなはがまんできるのに、なぜあなたはがまんができないの？」などと叱り続けられたり、まわりの友だちからいつも笑われたり、からかわれたりすると、結果的に二次障害が生じることになる。二次障害のある子どもは、自分はダメな子であると考え、「どうせ、やったってできない」などと最初からあきらめてしまうようになる。また自己肯定感が低く、大人になっても自分に価値を見出せず、自信のない日々を送ることが続いてしまうケースが非常に多い。大人の場合にも、失敗を繰り返したり、周囲から叱られ続けることによって、うつ病などの精神疾患を発症することがある。

しかし、発達障害のある人が職業に就く場合には、周囲がその人の特性を理解して対応するだけでは十分ではない。発達障害のある人が自身の特性を自覚し、失敗を繰り返さないためにはどのような工夫をすればよいのかといった対応策を講じなければ、周囲とうまくやっていけず、自身も周囲も疲れ切ってしまい、結果的に発達障害のある人だけでなく周囲の人も仕事を辞めてしまうことがある。

ただし、大人になったら、自然に発達障害のある人が自身の特性を知り、対応策を講じられるようになるわけではない。子どもの頃から、周囲の大人によって特性に合わせた対応をしてもらい、工夫をすれば生活のしづらさを取り除くことができることを実感していること、いくつもの工夫の仕方を知っていることが重要なポイントとなる。自分は苦手なところがあるが、工夫をすればできるという成功体験を積み重ねていくことによって、大人になったときに状況に応じて、自分の特性に合った工夫の仕方を自分自身で考えていくことができるようになるのである。それができずに大人になった人の中には、ウソをついてでも自分が叱られないように失敗を隠そうとしたり、自分の失敗をさも他人事のようにふるまってみたり、逆にひどく落ち込んで周囲の人の寛容な言葉を引き出そうとしたりする防衛行動が頻繁に現れることになる。

第２節　自閉症スペクトラム障害

1．自閉症スペクトラム障害とは何か

「自閉」という文字から、自分の殻に閉じこもってしまう心の病気であると

図９―１　白色から黒色までのグラデーション（「どこからが濃い灰色？」）

考えている人がいるが、それは大きな誤りである。また、自閉症という言葉を聞いたことがあっても、**自閉症スペクトラム障害**という言葉は聞いたことがない人も多いだろう。前述のように、DSM-5で初めて自閉症スペクトラム障害という言葉が使われるようになった。自閉症スペクトラム障害とは、従来の**自閉症**、**アスペルガー症候群**、**高機能自閉症**などを含んだ大きな概念を指す。

スペクトラムとは連続体を示す言葉である。図９―１は、白色から黒色までのグラデーション（濃淡）を示したものである。「どこからが濃い灰色か」を問われると、それぞれの人で答えが微妙に異なってくるであろう。自閉的な傾向についても、「あるか、ないか」ではなく、連続するものである。しかも、その特徴が強くある人から弱い人まで幅が広いことから、濃淡（傾向が強いか弱いか）で考える必要がある。このことから、自閉症スペクトラム障害という名称を用いて、このような傾向が強く見られ、日常生活において何らかの支援を必要とする人を自閉症スペクトラム障害のある人と考えるようになった。

自閉症スペクトラム障害の詳しい原因はまだ明らかになっていないが、胎生期や周産期に脳に何らかの障害が起こったためであると考えられている。自閉症スペクトラム障害のある人は他者の指示に従わない（ように見える）行動をとったり、ひととの関わりをうまくもてなかったりすることがある。その原因を保護者の愛情不足や育て方に求める人がいるが、それは大きな誤りである。

２．自閉症スペクトラム障害の診断基準

診断は、自閉症スペクトラム障害のある人に特徴的に見られる行動がどの程度出現するかによって行われる。診断基準は、DSM-5が主に用いられている。DSM-5では、表９―１に示した ⑴ 社会的コミュニケーションおよび相互関係における持続的障害、⑵ 限定された反復する様式の行動、興味、活

表９―１　DSM-5における自閉症スペクトラム障害の診断基準

以下のＡ、Ｂ、Ｃ、Ｄを満たすこと
Ａ：社会的コミュニケーションおよび相互関係における持続的障害
（以下の３点）
１．社会的、情緒的な相互関係の障害
２．他者と交流に用いられる言葉を介さないコミュニケーションの障害
３．（年齢相応の対人）関係性の発達・維持の障害
Ｂ：限定された反復する様式の行動、興味、活動
（以下の２点以上で示される）
１．常同的で反復的な運動動作や物体の使用、あるいは話し方
２．同一性へのこだわり、日常動作への融通のきかない執着、言語・非言語上の儀式的な行動パタン
３．集中度や焦点付けが異常に強く限定、固定された興味
４．感覚入力に対する敏感性あるいは鈍感性、あるいは感覚に関する環境に対する普通以上の関心
Ｃ：症状は発達早期の段階で必ず出現するが後になって明らかになるものもある
Ｄ：症状は社会や職業その他の重要な機能に重大な障害を引き起こしている

出典：日本精神神経学会【監修】高橋三郎・大野裕・染矢俊幸【訳】（2014）DSM-5　精神疾患の診断・統計マニュアル、医学書院

動の両方が存在している場合に自閉症スペクトラム障害であるとしている。なお、自閉症スペクトラム障害のある人に脳波の異常がみられることがあるが、障害のない人にも起こることであり、脳波や血液の検査をしただけでは自閉症スペクトラム障害があるかどうかはわからない。

(1) 社会的コミュニケーションおよび相互関係における持続的障害

ひとへの反応が乏しく、呼びかけられてもふり返らない、相手と視線を合わせようとしないなどの行動がしばしば見られる。また、相手の表情や身ぶり、声のトーンなどの非言語的情報から感情を理解することが苦手である。そのため、相手の感情を無視した言動やその場にそぐわない行動をしてしまうことが多い。また、あいまいな指示を理解することが苦手である。そのため、「タイミングを見て声をかけてください」などの具体性の乏しい指示を出されると、いつ、誰にどのように声をかけてよいのかがわからず、不安になったりイライラしてしまったりする。

さらに、他者と喜びや楽しみを共有したり、協調して活動したり遊んだりすることが苦手であるため、他者に関心がないようにみえたり、友だちを作ることが困難であったりする。なお、自閉症スペクトラム障害のある人の中には、雑談を苦手としている人が多い。なぜなら、雑談は参加者の自由な発言が求められるが、自閉症スペクトラム障害のある人には、自由と言われると何をどのように発言すればよいのかがわからないからである。また、参加者の話に興味を示し、その内容に合わせた返答をタイミングよくすることが必要になるが、これらもすべて苦手とすることである。自閉症スペクトラム障害のある子どもの中には、学校生活の中で休み時間が最も苦痛な時間であったと答えることが多い。

(2) 限定された反復する様式の行動、興味、活動

型にはまった繰り返しの動作や会話を好む。例えば、気に入ったCMのフレーズを繰り返し口にしていたり、同じ質問を何度も相手に投げかけ、同じように答えてもらわないと怒るなどがその例である。子どもの場合には、毎日、同じ図鑑を見ている、扇風機や換気扇のファンがまわるのを飽きることなく眺めることがある。

また、変化を嫌い、自分の行動パタンにこだわることがある。例えば、いつも通る道が工事中のために他の道を通らざるを得なくなった場合に、激しく動揺し、そこから動けなくなることがある。毎日、同じ道を通り、同じ行動をしなければ、不安になって先に進めないのである。その他に、まわりの人や環境のわずかな変化に強い不安や抵抗を示したり、日常のスケジュールが変更された際にとまどいを感じたりする。例えば、物の置き場所が少しずれているだけで不快になり、それが元の場所に戻されないと激しく怒ったりすることがある。

さらに、感覚が敏感すぎたり鈍感すぎたりすることがある。身体に少しふれられただけでも針で刺されたような痛みを感じる一方で、けがをしても痛みをあまり感じないことがある。また、大きい音や高い音、サイレン、赤ちゃんの

泣き声などを嫌がって耳をふさぐが、一般には耐え難いとされているガラスや金属のすれる音には平気な場合がある。

3．自閉症スペクトラム障害のある人への対応

(1) コミュニケーション

自閉症スペクトラム障害のある人とのコミュニケーションでは、「はっきり、短く、具体的に」を心がける必要がある。自閉症スペクトラム障害のある人は、程度の差はあるが、言葉でのコミュニケーションに問題がある人が多く、抽象的な表現や長い文章を理解することが難しい。例えば、「ちょっと手を貸して下さい」と頼むと、当たり前のように手を前に差し出したり、何をどうしてよいのかがわからずに混乱してしまったりする。そのため、「牛乳を冷蔵庫の扉のポケットの一番右の位置に入れてください」などのように具体的に何をすればよいのかがわかる話し方をしなければならない。

また、慣用句を理解することが苦手な人が多い。指摘されたくないことを言われて「耳が痛い」と表現している人に対して、本気で「耳鼻科に行った方がいい」とアドバイスしてしまったりする。ただし、自閉症スペクトラム障害のある人がおかしな返答をしたり、意味の通じないことを言ったりしても、決して笑ったり、その人のプライドを傷つけるようなことをしてはならない。そのような際には、質問を具体的な表現に変えたり、「これは○○という意味です」などとわかりやすく伝え直すことが必要である。

さらに、自閉症スペクトラム障害のある人にとって、「あれ」や「それ」などの指示代名詞は何を指しているのかがわかりにくい。そのため、具体的な物の名前を示して話すようにする。例えば、「それを取ってください」ではなく「机の上のペン立ての中にある赤色のペンを取ってください」と言うと伝わりやすい。

ただし、耳から伝わる情報を理解することは苦手であっても、目で見てわかる手がかりがあると理解しやすい人は多い。知的障害を伴わない自閉症スペクトラム障害のある人は、文章によって箇条書きにした資料を見せながら話すと

伝わりやすくなる。また、子どもの場合には、実物や絵カード（コミュニケーションを補うために用いるイラストや写真）、ジェスチャーなどを用いながら話すと良い。

(2) 社会的なルール

自閉症スペクトラム障害のある人は、社会的なルールを守ったり、状況を察してその場に合った対応をしたりすることが苦手である。みんなが順番に並んでいるのに列に割り込んでしまったり、自分の作業が終わったら全員の作業が終わるまで待たずに帰ってしまったりすることがある。暗黙の了解でわかるだろうと思わずに、「△△さんの後ろに並んでください」、「自分の作業が終わったら、○○さんの作業を手伝ってください」などのように具体的な指示を心がけることが大切である。

(3) パニックを起こした際の対応

自閉症スペクトラム障害のある人は、極度に不安が高まったり不快な状態が続いたりすると、**パニック**といわれるかんしゃくを起こすことがある。特に、突発的な出来事が起きるなど、日常と異なる状況になった場合にパニックが起きやすい。まずは、パニックが起こらないようにまわりの環境を整えておくことが必要である。例えば、普段のスケジュールが変更になることがあらかじめわかっている場合には、事前に伝えておく。また、安心できる物（例えば、お気に入りのマスコットなど）を持ってもらうことでパニックを防げることがある。

もしパニックが起こってしまった場合には、刺激せず、おさまるまで静かに待つ。なお、ぎゅっと抱きしめたり、手を強くつかんだりするなど、力づくで押さえつけることは逆効果になるので、絶対にしてはならない。パニックがおさまってきたら、この後に何があるかなどを伝え、先の見通しをもたせて安心させるようにする。

第3節　ADHD（注意欠如・多動性障害）

1．ADHDとは何か

ADHDとは、Attention Deficit Hyperactivity Disorderの頭文字から作られた言葉である。ADHDは不注意（以後、**不注意型**）、多動性／衝動性（以後、**衝動型**）のいずれか、あるいは両方の特徴のある状態を言う。ADHDの診断は、表9―2に示したDSM-5による基準が用いられている。

不注意型の人は、注意の集中できる時間が短いこと、注意を向ける方向が変化しやすいこと（気が散りやすいこと）、行動している途中で意識がそれてしまうこと（ボーッとして別のことを考えてしまうこと）が特徴である。相手が話をしていてもボーッとしていたり、話し声や外の車の音などのちょっとした音で気が散って、集中力が持続しなかったり、最後まで何かをやり遂げることができなかったりすることがその例である。問題を解く能力があるのにケアレスミスによって点数を取れない、忘れ物が極端に多いことも不注意型の人によく見られることである。

衝動型の人は、思いついたら考える前に行動してしまう、待つことができない、じっとしていられないなどが特徴である。具体的には、順番を待っていられずに前の人を押しのけてしまう、座っていなければならない時でも座っていられずにふらふらと立ち歩く、先生にあてられるよりも先に答えてしまうなどのことが挙げられる。特に、普段と違う活動をしていたり、不慣れな場所にいたり刺激が多い場所にいるときに、より落ち着きがなくなる。

子どもの場合に、感情のコントロールが苦手で、ちょっとしたことで大声をあげたり、友だちに乱暴をしてしまったりすることがある。そのため、まわりから乱暴な子、先生の言うことを聞かない子などとみられてしまう。また、頭で考えるよりも先に身体が動いてしまうため、急に飛び出してけがをしたり、まわりにぶつかってけがをさせてしまったりすることがよくある。外を歩いているときに、急に自分の興味のある物が視界に入ったり、友だちがいることに

表９－２　DSM-5におけるADHDの診断基準

Ａ１：以下の不注意症状が６つ（17歳以上では５つ）以上あり、６ヶ月以上にわたって持続している。
　ａ．細やかな注意ができず、ケアレスミスをしやすい
　ｂ．注意を持続することが困難
　ｃ．上の空や注意散漫で、話をきちんと聞けないように見える
　ｄ．指示に従えず、宿題などの課題が果たせない
　ｅ．課題や活動を整理することができない
　ｆ．精神的努力の持続が必要な課題を嫌う
　ｇ．課題や活動に必要なものを忘れがちである
　ｈ．外部からの刺激で注意散漫となりやすい
　ｉ．日々の活動を忘れがちである
Ａ２：以下の多動性／衝動性の症状が６つ（17歳以上では５つ）以上あり、６ヶ月以上にわたって持続している。
　ａ．着席中に、手足をもじもじしたり、そわそわした動きをする
　ｂ．着席が期待されている場面で離席する
　ｃ．不適切な状況で走り回ったりよじ登ったりする
　ｄ．静かに遊んだり余暇を過ごすことができない
　ｅ．衝動に駆られて突き動かされるような感じがして、じっとしていることができない
　ｆ．しゃべりすぎる
　ｇ．質問が終わる前にうっかり答え始める
　ｈ．順番待ちが苦手である
　ｉ．他の人の邪魔をしたり、割り込んだりする
Ｂ：不注意、多動性／衝動性の症状のいくつかは12歳までに存在していた
Ｃ：不注意、多動性／衝動性の症状のいくつかは２つ以上の環境（家庭・学校・職場・社交場面など）で存在している
Ｄ：症状が社会・学業・職業機能を損ねている明らかな証拠がある
Ｅ：統合失調症や他の精神障害の経過で生じたのではなく、それらで説明することもできない

出典：日本精神神経学会【監修】高橋三郎・大野裕・染矢俊幸【訳】（2014）DSM-5　精神疾患の診断・統計マニュアル、医学書院

気がついたりすると、走っている車を確認することなく道路に飛び出してしまうことから、定型発達の子どもに比べて交通事故に遭うことが多い。

２．ADHDのある人への対応

衝動型の子どもは、思春期以降になると徐々に感情をコントロールできるようになり、落ち着いて行動できるようになってくるケースが多い。しかし、幼児期から小学生の頃まで、立ち歩いたり、友だちに暴力をふるってしまったり

するなどの問題行動が目立ちやすいために、大人からしばしば叱られ、**二次障害**が生じてしまうケースがある。障害特性が目立たなくなっていても、二次障害がある場合には、二次障害によって日常生活への支障が生じることが多い。

また、不注意型の人の場合には子どもの頃に見過ごされることがあり、成人期になって、大人の手から離れて自分で行動しなくてはならなくなったときにはじめて問題が目立ってくることがある。この場合に、本人はどのように行動すればよいのかがわからず、失敗を繰り返し、自信を失っていくことになる。このようなことを避けるために、周囲の大人がADHDの特性を把握し、叱りすぎないこと、見過ごさないこと、特性に合った対応を考えていくことが大切になる。

子どもの状態によっては、薬物療法が効果をあげている。6歳以上の子どもに限って処方される薬剤であるが、服薬によって落ち着いて行動できるようになったケースは多い。

(1) 不注意型の人への対応のポイント

不注意型の人には、気が散らない環境を作ることが大切である。不注意型の人は、相手の話をしっかりと聞いていなくてはいけないと思っていても、窓の外の動きが見えたり、まわりの人が話している声が聞こえたりすると、気が散ってしまい、無意識のうちにそちらに注意を向けてしまう。結果的に、相手の話を聞いていないことになる。窓やロッカーに無地のカーテンをしめる、外や人の動きなどが見えにくいような座席配置を考える、学校の場合には一番前の真ん中の席にして、他のことに気がとられないようにするなどの工夫が必要である。

また、本人の注意がそれ始めたと感じたら、できるだけ早く、声をかけて注意を戻すことが大切である。外界の刺激を減らすように努力しても、不注意型の人は、何かのきっかけで、注意がそれてしまうことが多い。これは、本人が努力していても、なかなか改善されることではない。子どもの場合には、注意を戻して、元の活動をやり始めたら、ほめることが大切である。「集中していないからいけないのよ」などと叱っても、何の効果もない。

さらに、忘れ物が多い人に対しては、その人にとってやりやすく、続けられる工夫を考え、それを習慣化させることが大切である。例えば、毎日の持ち物に関しては、リストを作成しておき、それを本人に必ず指さし確認させることが一つの方法である。その他に、常に同じノートにメモを書くようにして、必ず確認させるやり方もある。話を聞きながらメモを取ることが苦手な人の場合には、携帯電話で写真を撮って、それを確認するようにさせる。最初は周囲の人と一緒にやりながら、徐々に一人でやれるように促していく。一人でやれるように促していく際にも、「メモをとった？」「確認をした？」などと周囲が本人に尋ねて、習慣づけられるようにしていくことが大切である。

(2) 衝動型の人へのポイント

衝動型の人の多くは、大人になるとすぐに部屋を飛び出したり、常に席を立ってウロウロしたりするなどの多動性や衝動性が目立たなくなってくる。しかし、喋り出したら止まらない人、ちょっとしたことですぐに怒ってしまう人がいる。ただし、残念ながらその人自身に自覚がない場合が多い。喋り出したら止まらない人に対しては、あらかじめ時間を設定し、伝えておく必要がある。例えば、「30分後に家を出なくてはならないので、20分ならば話ができる」などと先に伝えておけば、途中で話を切っても納得してくれる。

また、すぐに怒ってしまう人は興奮しやすく、自分が話した内容を本人が後から覚えていないことがある。また、話した内容は覚えていても、自分自身は怒っているという意識がないことも多い。このような人に対しては、なるべく刺激をしないことが大切である。衝動型の人がいくら大きな声で話しかけてきたとしても、こちらは大きな声を出さず、売り言葉にのったりせず、冷静に話すように心がける。挑発することはもってのほかである。

衝動型の子どもの中には、廊下を歩いている人が視界に入ると、すぐに部屋を飛び出してしまう、部屋で飼育している動物が気になったら授業中でも触りにいってしまうなど、何かに気がつくとすぐに身体が動いてしまうことがある。この場合は、不注意型の子どもへの対応と同様に、窓やロッカーにカーテンをしめる、人の動きが目に入らないような座席に座らせるなど、気が散らない環境を作ることが効果的である。

また、子どもに対しては、明確なルールを決めて、それが少しでも守れたらほめることが大切である。ただし、ルールが決められていても、時間が経ったり、興奮してしまうと、ついそのルールを忘れてしまうことがある。そのため、活動に入る直前に、どのようなルールがあったのかを伝え、守るように約束させることが必要である。なお、子どもがルールを守って行動したことについて、時間が経ってからほめても、あまり効果がない。子どもが今、まさにやろうとしている時、がんばっている時にすぐにほめることが大切である。また、子ども自身が、そのルールならば守れると思えるレベルから始めること、ルールの数を欲ばらず、最小限にすることが必要である。

第4節　知的障害

1．知的障害とは

知的障害とは、①知的な機能の発達に遅れがあること、②年齢に比べて、社会生活を送る上での適応能力が低いこと、③18歳までの発達期に現れることの3つがそろっている状態をいう。つまり、18歳以降に事故や病気などで知的な機能や適応能力が低下した場合は知的障害とは考えない。

知的な機能は知能検査によって測られ、**知能指数（IQ）**で示される。IQは100を平均とし、70以下の場合に知的な機能に遅れがあると考える。ただし、IQが70を超えていても、70に近い数値である71や72であれば知的な機能に遅れがないと言うわけではない。一般的にIQが71～85程度は境界域と考えられている。境界域にいる人は、状況によっては適応できなかったり、言葉による理解が難しかったりするため、支援が必要になる場合がある。知能検査は、田中ビネー知能検査、新版K式発達検査、ウェクスラー式発達検査（幼児版：WIPPSI、児童版：WISC、成人版：WAIS）などが用いられる。

適応能力とは、社会生活を自立して送るうえで必要とされる能力のことである。具体的には、身辺自立の確立、自己管理、対人関係能力、余暇への参加、コミュニティ資源の利用などを年齢や社会文化などに照らし合わせて、どの程度できるかで測定される。適応能力は、適応能力検査（S-M 社会生活能力検査など）で測定される。

一般的には、表9—3のように、IQ と適応能力の両方から、知的障害の有無や程度が判断される。なお、表中の適応能力はａに近づくほど自立した社会生活が送りにくく、ｄに近づくほど社会に適応的で自立した生活を送ることができていると考えられている。知的障害の程度は、軽度、中度、重度、最重度の4種類に分けられる。判定では適応能力の程度が優先される。たとえば、IQ が20以下であっても適応能力がｄであれば、最重度ではなく、重度と判定されることがある。また、IQ が51～70の範囲であっても適応能力がａであれば、軽度ではなく、中度となることがある。

18歳未満は**児童相談所**で、18歳以降は**知的障害者更生相談所**でこれらの検査を受ける。検査の結果によって、知的障害があると判断された場合には、**療育手帳**が交付される。療育手帳があることによって、生活面や医療面での支援サービスを受けられるだけでなく、税制面の控除を受けることができる。

2．知的障害の原因

知的障害の原因は十分には解明されていないが、現在のところ病理的要因、生理的要因、環境要因の3つから説明されている。病理的要因とは、病気や外

表9—3　知的障害の程度の診断基準

適応能力 / IQ	a	b	c	d
Ⅰ（IQ　　～20）	最重度知的障害			
Ⅱ（IQ　21～35）	重度知的障害			
Ⅲ（IQ　36～50）	中度知的障害			
Ⅳ（IQ　51～70）	軽度知的障害			

傷などによって脳に障害が生じることである。具体的には、胎生期の風疹や生後の日本脳炎や高熱の後遺症などによる感染症によるもの、出産時の酸素不足などの外傷によるもの、ダウン症に代表されるような染色体異常によるもの、代謝異常や栄養不良によるものなどがある。

生理的要因とは、特に疾病はないが、知的な機能に遅れが生じた場合を言う。知的障害の大半は生理的要因であると言われている。生理的要因によって知的障害が引き起こされている人は、知的障害の程度は軽度から中度であることが多く、ほとんどの場合、合併症がなく、健康状態にも問題がない。

環境要因とは、乳幼児期に極端に刺激が少ない環境で育ったり、虐待を受けたりして、脳の発達が遅れた場合を指す。養育環境が改善されたり、適切な教育を受けることによって、知的な能力が回復することが多い。

3．知的障害のある人の特徴と対応のポイント

(1) 言葉

知的障害のある乳幼児のほとんどに言葉の発達に遅れがみられる。保護者や保育者は、同じ月齢の子どもに比べて話す言葉が極端に少ない、二語文が出ない、言葉だけでは指示が伝わらないなどの特徴を見て、子どもの知的障害を疑うことが多い。成長後も、知的障害のある人は、程度の違いはあるが、言葉を聞いて理解すること、自分の気持ちを言葉で伝えることが苦手である。相手の言っていることがわからなかったり、自分が置かれている状況を理解できなかったりすると、そのことを表現する方法を持ち合わせていないために、泣いたり反抗したりすることがある。

知的障害のある人と話をする時には、実物やジェスチャー、絵カードなどの視覚的な手がかりを多く用いることが必要である。言葉で伝えられただけではわからなくても、目で見てわかる手がかりがあることによって、理解しやすくなるからである。また、抽象的な内容やあいまいな表現を理解することは苦手である。そのため、できるだけ具体的に話をすることが必要である。例えば、パジャマに着替えるように指示をしても、着替えの手順がわからずに行動に移

せないことがある。その場合に、手順や方法を細かなステップにして、一つずつていねいに伝えていくことが大切である。

さらに、知的障害のある人自身が自分の言いたいことを相手に言葉で伝えることが難しい場合には、その場面ではどのような表現を使ったらよいのかを具体的に示したり、絵カードなどを用いて、自分の気持ちの表現の仕方を教えていく。言葉によって自分の気持ちを表出できない知的障害者の中には、絵カードをファイルしたもの（**コミュニケーションブック**）を持ち歩き、絵カードを相手に示してコミュニケーションをとっている人がいる。この方法によって、身近な人以外の様々な人とコミュニケーションをとることができるのである。言葉だけのコミュニケーションにこだわらず、様々な方法で気持ちを伝えられる方法があるということを知り、知的障害のある人が使いやすい方法を考える必要がある。

(2) 抽象的な概念

知的障害のある人は、自分が体験していないことや抽象的な概念を理解することが苦手である。そのため、なるべく身の回りの物を使って具体的に考えられるようにしたり、体験を通して、物事を理解できるようにしていくことが必要になる。また、読み、書き、計算が苦手であったり、手順をなかなか覚えられなかったり、状況を判断して予想したり計画を立てたりすることが難しかったりする。

繰り返し、時間をかけてゆっくりと丁寧に学ぶことによって、少しずつできるようになっていく。障害のない人と同じ道筋をゆっくり成長していると考えてほしい。

(3) 持続力

知的障害のある人は、集中力が切れやすく、すぐに飽きてしまうことがある。それは、活動の内容がよくわからなかったり、活動自体の楽しみをなかなか見出せなかったりするためである。まずは、活動の内容を理解しやすいように、説明の仕方の工夫が必要である。例えば、活動の内容を絵で示す、平易な表現を用いて説明する、短く、具体的に何度も話すなどである。

また、パタンで覚えていくと、活動の内容を理解しやすくなり、活動に集中する時間が長くなってくる。そのためには、何度も繰り返しでパタンを覚えていくように促すことが必要である。

第5節　LD（学習障害）

LD（学習障害）のある子どもは、全体的には知的発達に遅れはないものの、基本的な学習領域である「聞く、話す、読む、書く、計算する、推論する」の中で、一つあるいはいくつかの能力に著しい落ち込みがみられる。例えば、教科書や黒板などに書いてあるものを読んで理解することはできるのに、先生の話す声だけを聞いて理解することができなかったり、他の教科に比べて算数だけが極端にできなかったりする。つまり、LDの子どもは持っている能力がアンバランスであることが大きな特徴である。

LDの子どもは、特定の能力以外には問題がないため、周囲から理解されず、怠けている、努力が足りないなどと教師や保護者などから言われることがある。本人は努力しているにもかかわらず、周囲の厳しい対応と学習面でのつまずきから、自己評価を下げてしまったり、ストレスをためてしまうことがしばしばみられる。

LDの原因は明らかになっていないが、中枢神経系に何らかの障害があると推測されている。つまり、様々な感覚器官から入ってくる情報を整理し、関係づけて統合し、表出する過程のどこかが十分に機能していないのである。他の人の何倍も努力すればよいと保護者や教師が考えて、学習の量を増やすように強制することがあるが、そういう対応では問題は改善しない。一人ひとりの認知特性を十分に把握し、得意な部分を生かした教育の方法を工夫することが必要となる。

第10章　病院

第1節　病院で働く専門職とは

1．病院とは

病院とは、どのような場所なのか。病院は医療法第一条の五で「医師又は歯科医師が、公衆又は特定多数人のため医業又は歯科医業を行う場所であつて、二十人以上の患者を入院させるための施設を有するもの」と規定されている。病院の種類には精神科病院、結核療養所、一般病院があり、医療法によって医師や薬剤師、看護師などの人員配置や設備基準などが細かく定められている。一定の要件を満たした病院には、一般の病院とは異なる特定機能病院や地域医療支援病院などの名称が認められている。このように種類や役割に違いはあるが、病院は複数の医療職者が所属し、一定の医療設備を有する診療を目的とした施設である。

2．病院は専門家の集まり

病院の中ではどのような人々が働いているのだろうか。例えば、あなたがめまいを感じ、病院の外来に来たとしよう。外来の受付窓口にいるボランティアや案内を担当する病院職員は、あなたが病院に来た理由を尋ね該当する科に案内する。案内をされた科の窓口で、事務職員の説明を受けながら、受診の手続きを行う。医師は診察をし、診断のために採血や頭部CT（コンピューター断層撮影法）などの検査を検査部に依頼する。検査には、**臨床検査技師**や**診療放射線技師**がかかわる。医師は診察と検査の結果から、薬物療法が必要と判断して処方箋を発行し、**薬剤師**は処方箋をもとに薬を調剤しあなたに渡す。その後、会計を行うために会計窓口に向かい、医療事務員が計算した治療費の精算を行う。めまいを感じ病院を受診するだけでも、これだけの人々があなたにかかわることになる。

さらに、脳梗塞の診断を受け入院したとしよう。医師による治療のほか、看護師は脳梗塞の症状に応じた食事や清潔、移動など生活に関連した援助、治療が効果的に行われるよう心身の健康管理や療養環境の調整を行う。患者の病状、症状に応じてリハビリテーションが行われ、言葉がうまく使えないなどの**失語**や対象を把握できない**失認**といった言葉や認知に関する訓練は**言語聴覚士**（ST）が、まひなどによる機能障害に関しては**理学療法士**（PT）が、食事や着替えなどの日常生活動作訓練は**作業療法士**（OT）が訓練を行う。嚥下障害のある場合には、言語聴覚士による嚥下訓練や栄養士による栄養指導が行われる。

入院中は**栄養士**の指示にもとづいた食事を、給食部の調理員が調理し患者に提供する。病室の床や病棟の共用場所の掃除は清掃員が行う。治療が終了すると、患者は障害や機能回復の程度に応じて帰宅か転院をすることになる。**医療ソーシャルワーカー**は、退院後に患者が脳梗塞の後遺症による何らかの障害を抱えながら社会生活を営めるように退院支援を行う。

このように病院ではいろいろな職種の人が働いている。これらの人のほとんどは国家資格を有しており、各々が専門的な視点から一人ひとりの患者の生活の質（QOL）の維持・向上を目標に治療やケアにあたっている。

3．多職種の専門家の連携で行われる医療

病院では一人の患者に複数の人がかかわり、各々の専門性を発揮しながら互いに協力、連携してチームを形成する。先の例では、患者の機能障害に理学療法士や作業療法士、言語聴覚士がリハビリを行っているが、専門家によるリハビリは１日のうち限られた時間しか行えない。リハビリを続けないと、せっかく回復した機能は低下してしまい患者の努力も無駄になってしまう。そこで「専門家によるリハビリの時間」以外でも、日常生活中でリハビリが行われる

ように考える必要がある。

看護師は患者の日常生活の様子をリハビリの専門家に話し、リハビリの専門家はリハビリの内容を看護師に話し、意見交換を行い患者に合ったリハビリをつくりあげていく。このような個別性の高いリハビリのメニューは、仮に患者が退院し専門家によるリハビリの時間を持てなかったとしても、回復した機能の維持に役立つ。

また、リハビリの継続には患者のリハビリに対するモチベーションが重要であるが、モチベーションを維持することは容易ではない。そこで患者の何気ない一言や家族とのかかわりの様子から、患者のモチベーションを維持する方法を探ることが必要となる。このような患者の思いや考えを見極めるのは、患者と多くの時間をともにする看護師が得意とするところである。看護師は患者のモチベーションに関する情報をリハビリの専門家に伝え、リハビリの専門家はその情報を患者との会話や声かけに取り入れ、リハビリに向かう患者の気持ちを後押しする。その結果、患者はたとえ苦しいリハビリであっても前向きな気持ちで取り組めることになる。

それぞれが専門職としての強みを活かし、持っている情報を共有し協力してケアにあたることは患者の利益につながる。多職種の連携によるチーム医療はもはや不可欠である。

第2節　専門職同士の人間関係

病院で働く人々は目標をともにするチームと考えると、互いの意思疎通がスムーズに行われることが望ましい。専門職はそれぞれの専門的な教育は受けているが、他の専門職の職務について学ぶ機会があまりない。そのため、他の職種について何となくわかっていても、その職種の業務や役割、責任の範囲に関する理解が十分とは言えず、意思決定の場面では意見の食い違いが生じやすい。また専門職とはいえ役割の範囲が互いの職種の役割と重複することもあり、このようなことが人間関係のすれ違いにつながることがある。

1．医師と看護師の人間関係

【事例】

医師は「患者は入院での治療が完了したので、退院してあとは外来での経過観察とする」と看護師に話した。看護師は「患者はまだ、手術をしたところの傷が痛いと言ってトイレに行くぐらいしか動くことができていない。それにもし退院となったら、傷の消毒方法を患者に指導しなければならない。こんな状態では今すぐの退院は無理だ。それに医師が退院を考えていたならば、早めに看護師にも伝えほしい」と話した。すると医師は「入院をしていても何も治療をすることはない。退院できる状態だから退院の指示を出しているのに、なぜ指示を受けられないんだ。それに、いつ頃、退院になるかなんて、予想できる時もあればそうじゃない時もあるんだから仕方ないだろう」と怒った口調で話す。

この事例では、医師と看護師がそれぞれの役割から意見を主張しているが、相手への敬意や意見を理解しようという姿勢が感じられない。医師の権力的志向も感じられる。

2．看護師同士の人間関係

【事例】

看護師Ａに対して女性患者が「冷えると、病気で足のしびれているところがひどく痛むの。だから靴下を何枚も重ねて履いているのよ」と話した。看護師Ａは「女性患者に足浴を勧めたらよいのではないか。足浴で足が温まるし、リラックスもできる。それに足浴をすることで、最近、病気について悩んでいる女性患者の話をゆっくり聞く機会にもなる」と思い、同僚の看護師Ｂにその相談をした。看護師Ｂは「女性患者は靴下を履くことで自分なりにしびれや痛みへの対処をできているのなら、あえて足浴をする必要はない。自分でシャワーにも入れるのだし、必要ならシャワーを使って自分で足を温めればいい。それに毎日、足浴したいと女性患者から言われるようになったら、仕事が増えてしまう」と返答した。それを聞いた看護師Aは「足浴は患者が自分でできる、できないとう話ではなく、患者のためを考えた提案なのに……。看護師Bは、少しでも面倒になりそうだと思うことはいつもやろうとしない。看護師Bの看護はよくない」とイライラした思いを抱いた。

この事例は、同じ職種のなかであっても、患者に起きていることへの対処方法や同じ職種としてあるべき姿の考え方の違いが原因となって対立が生まれることを示している。

3．先輩看護師との人間関係

【事例】

1年目の看護師Cは、自分のミスについて、先輩看護師が他の先輩看護師に次のように話しているのを聞いた。「看護師Cがまた、血管造影を受ける患者さんの点滴の管に、三方活栓（さんぽうかっせん）（点滴など行う時に複数の点滴を同時に投与したり、薬液の通る道を調整するために使用するコック）を2つ、取りつけるのを忘れたのよ。血管造影の時は点滴の管に必ず三方活栓を2つ、取りつけるようにとその理由も含めて何度も説明しているのに、また忘れたんだよね。看護師Cは血管造影ってどういうものなのかとか、なぜ三方活栓を2つ、点滴の管に取りつける必要があるのかとかを全然、わかってないよ」。看護師Cは「取りつけを忘れたミスについては、自分でも本当に申し訳ないと思っている。これからは注意をして絶対にミスをしないように気をつけようと思っているし、それを先輩にも伝えた。それなのに、面白おかしく他の先輩に告げるなんて」と、とてもショックを受けた。それから看護師Cは、「ミスをしたらまた、先輩に怒られるのではないか。それを他の先輩たちに言いふらされるのではないか」と常に緊張し、困ったことがあっても、それを先輩看護師に相談することができなくなった。

この事例では、先輩看護師は看護師Cが患者の検査時の準備をどの程度、行うことができるのかをみんなに伝えることで、他の看護師にも看護師Cのフォローをしてもらいたいという、情報共有の思いで話したことだった。しかし「まだ十分に仕事をこなせない」という思いをもつ看護師１年目のCにとっては、先輩から「できない」、「ダメな看護師だ」という評価をされたと思い込み、それがその後の人間関係に影響を与えたことを示している。

4．看護師と他職種の人間関係

がんが脳に転移した患者の今後の治療方針についての話し合いの場面。

医師：これ以上、治療を行っても症状の改善は見込めないので、今後は積極的な治療を行う予定はない。まだ動ける今のうちに自宅へ帰らないと、もう自宅へは帰れなくなる。本人も自宅に帰りたいと言っているし、なるべく早く退院を考えよう。

看護師：家族の話では、治療で入院前よりは動けるようになったので、今の治療を継続することを望んでいるようです。先生の考える治療方針と家族の理解が一致していないように思います。先生、ご家族にちゃんと説明していますか？　それに家に帰るといってもご家族は仕事をしているので、日中はこの方がひとりで過ごすことになります。動けるといっても、自宅は戸建てで段差もあり、ひとりで食事をしたりトイレに行くことはできません。家族は介護認定の申請はしたようですが、家族からその後についての連絡は、まだありません。

理学療法士：リハビリ室の歩行訓練の様子からは、自宅でもトイレには行けると思います。病棟の看護師さんは患者の歩く様子を見て転びそうで危ないと言って、介助をしているからそう見えるのではないでしょうか。

医療ソーシャルワーカー：介護認定の申請はしているということでよろしいですか？その確認は看護師さんがしてくださるのですか、それとも私たちがするのですか？こちらに任せていただけると、情報が一本化されてよいのですが。いずれにしても自宅に帰るならば、訪問診療や訪問看護を入れたほうがよいですね。そういう説明は先生からしていただきたいのですが、いつ頃、しますか？

この例は役割の重なるところの意見を、互いの立場から主張し譲り合えていないこと、自分の専門からの意見を主張しているだけであること、他の専門職の優先順位などを理解しようとしておらずスムーズな意思疎通が行われていないことを示す。

5．専門看護師、認定看護師と他職種、看護師との人間関係

専門看護師、認定看護師は日本看護協会が認定する資格で、複雑で解決が困難な問題に対して特定の専門分野の知識や技術を用いて、水準の高い看護を実践することのできる看護師である。専門看護師、認定看護師は専門の看護実践を提供するため病棟に配属されるのではなく、看護部などに所属し組織横断的に活動することが多い。

【事例】

病棟の看護師から専門看護師に「治療に非協力的で病識のない患者がいるので相談したい」と連絡があった。男性患者は糖尿病があり食事療法と食前のインスリン自己注射が必要であったが、男性患者は指示された食事内容、摂取量を守らずに病院の売店で買い食いをしたり、インスリン量を間違えて過量に投与し低血糖症状をおこすことがたびたびあった。男性患者は「腹が減るんだから、しょうがないよ。そんなに何回も同じことを言うなよ。俺だってわかってんだからさ。ちゃんとやるよ。注射を打つ量だって、あんたら（医師や看護師）より、俺の方がわかってるんだよ。大丈夫だって」と言い、病棟の看護師は「何度も説明をしているのに全然、聞いてくれない。自分で血糖コントロールできないから、何度も入退院を繰り返しているのに」という思いを抱えていた。主治医も「指示をちゃんと守ってくれれば、こんなに入退院を繰り返すことはないのに。どうにかならないのか」と考えていた。

このような状況に対して、専門看護師は男性患者への面接を繰り返すととも

に、これまでのカルテの記録などから「男性患者が血糖をコントロールできず入院をするのは、冠婚葬祭などのイベントや趣味の集まりが続いた時である。それ以外の時はおおむね男性患者のやり方で血糖をコントロールすることができている。男性患者は入院をすると医師や看護師にそのことは認めてもらえず、あれこれと一方的に言われることが嫌になって医師の指示や看護師の説明を守ろうとしないのではないか」と考えた。そこで、病棟看護師に専門看護師としての考えを伝え「患者が自宅では自分でできていたということを認め、強みをいかすようなかかわりをしてはどうか」とアドバイスをした。病棟の看護師は「もちろん、これまでもそのようにやっています。でも、うまくいかないんです。だから専門看護師さんに相談したんです。専門看護師さんから見れば、私たちのやり方がよくないって言うことですか」と、強い口調で返答があった。

この例は病棟の看護師は、専門看護師を病棟で行っている看護の評価をする人のように感じ、専門看護師を自分たちとは対立した存在であるかのようにとらえていることを示す。

第3節　円滑な人間関係にむけて

病院は、それぞれの職種の業務や役割を基盤とした社会の集まりのようなものである。その社会には独自の考え方やルールが存在する。例えば、看護師は24時間の看護提供のためにチームで業務に当たるため、同職種内での結びつきが強い。また患者の日常生活の援助を行う業務のため、他の専門職との連絡調整を日常的に行っており、チームで活動をすることは当たり前のことと考える。このような職務の特徴から、特に病院で働く看護師は仲間意識を持ちやすい。

新人看護師や他の職場から異動した看護師は、仲間としてそのチームの一員に認められるまでは、疎外感や居場所のなさを感じることがある。新しい仲間がその職場で必要とされる看護技術や看護の考え方を習得し、きちんと自分の仕事をこなすように努力をする人であることがわかると、チームの一員として認められるようになる。チームの一員になるのは、ある程度の時間が必要なのである。

新たな職場に入ると、その人はまるで外国に留学をしたかのようなカルチャーショックを受けるかもしれない。しかしカルチャーショックを受けるのも一時的なものであり、新たな職場、社会に適応していく過程では誰もが経験することである。「郷に入っては郷に従え」と思って過ごすことも一つの考え方であり、また郷に従えず、苦しい時間を過ごすならば勤務先をかえるのも一つの方法である。

そもそも病院という職場の人間関係は、それぞれが患者の健康回復という目標達成に向けて働くという関係である。しかし、特に看護師においては情緒的な視点から人間関係を重視する傾向がある。男性の看護師が徐々に増えてきているとはいえ、病院ではまだ女性の看護師が多く、女性の本質的な特性が少なからず影響している。

情緒的な関係は看護において求められる視点でもある一方で、情緒的な反応は人間関係を複雑にして人を疲れさせる。疲れたり、弱ったときは一人で思いを抱えず、先輩や同僚に相談したり話し合うのがよい。これは一般的な方法ではあるが、仲間意識の強い病院の看護師ならではの利点を活かした解決方法である。

職場以外の人間関係を持つことも、もちろん重要である。あなたの生活のすべてが仕事ではないように、職場の人間関係があなたのすべてではない。他の人間関係を知ることは所属する職場、社会を客観的にみる機会になりうる。

第11章　福祉施設

第１節　福祉施設の人々と、そこにある人間関係

福祉施設は福祉サービスが行われる場所であり、そこにはサービスを受ける人と与える人がいる。福祉サービスは、ふだんは介護や保育と呼ばれているものであり、いずれも社会生活を送るうえで、何らかの理由により社会生活のしづらさを体験している人々を援助する行為である。各々の福祉サービスは与える人の手によって行われるが、これらの行為の後ろ盾となるのは介護保険法や児童福祉法といった社会保障や福祉に関する法律である。福祉サービスは社会生活のしづらさに対して、社会が責任をもって援助にあたる一つの形とも言える。

施設利用者は年齢や障害の有無、障害の程度に応じて福祉サービスを受ける。例えば、日常生活動作（食事、更衣、排泄など）が困難になった高齢者や障害者は、日常生活動作の介助や介護を受けるために施設利用者となる。また、家庭の事情によって養育されることが困難になった児童は、養育の代わりとなる保育を受けるため施設利用者になる。一方、このような施設利用者に対して、福祉サービスを与える役割を担うのは施設職員である。施設職員は介護職員や保育士といった職種であり、福祉業務に従事している。

福祉サービスは、「施設職員と施設利用者の人間関係」を前提に成り立っている。また、施設利用者の福祉サービスへのニーズに応えるため、施設職員は連携して働くこと、つまり協働する必要がある。社会生活のしづらさを体験している施設利用者に対して、効果的な援助を行うためには、施設利用者の生活ペースに沿った福祉サービスを実現すべく、協力して働くことが求められる。

第2節　施設職員と施設利用者の人間関係

1．福祉サービスの2つの特徴

介護や保育といった福祉サービスの内容は、施設利用者の話を傾聴するといった心理的サポートから、衣食住を助ける行為までと幅広い。福祉サービスは医学や心理学、教育学、社会学などの幅広い学問の成果の上に成り立っている。この福祉サービスをシンプルにとらえるために、施設職員から施設利用者への**人間関係を築くための姿勢**と**対人援助技術**の2つを取りあげる。前者は、施設利用者との人間関係を構築するときに必要な施設職員の姿勢であり、後者は、施設利用者の社会生活のしづらさを解消するために必要な専門技術である。

(1) 人間関係を築くための姿勢

福祉サービスは施設職員と施設利用者の人間関係を前提とした行為である。また、福祉サービスはその受け手である施設利用者にとって必要なものであり、そこでの人間関係は施設利用者からのニーズによって築かれる。福祉サービスとなる対人援助技術を効果的に提供するため、すなわち施設利用者の社会生活のしづらさを効果的に解消するためには、施設職員が主導して信頼ある人間関係を築く必要がある。

施設利用者に対する施設職員の姿勢については、これまでにさまざまな考え方が提案されてきた。例えば、アメリカのソーシャル・ワーカーであるバイスティックは、ケースワークにおいて良好な援助関係を形成する諸原則、通称、**バイスティックの7原則**を提唱している。バイスティックの7原則は、ソーシャル・ワーカーにとって施設利用者となるクライエントへの姿勢について要点をまとめたものである。表11—1に簡単に紹介する。

バイスティックの7原則は、ソーシャル・ワーカー以外の施設職員にも共通している。施設職員はこれらの原則に準じた姿勢を示すことで、施設利用者と信頼関係を構築し、対人援助技術を効果的に提供できる。

(2) 対人援助技術

対人援助技術は施設利用者の社会生活のしづらさを解消するための専門技術である。その代表的な内容を表11―2にまとめた。この表は施設職員が持つことが多い国家資格の業務内容を整理したものである。それぞれの内容には互いに重なるところもあるが、施設利用者が持つ福祉サービスへの様々なニーズに対応する、専門性の高い技術であることがわかる。

2．施設職員と施設利用者の人間関係の難しさ―暖かさと冷たさについて―

人間関係を築くための姿勢と対人援助技術の内容は、施設職員と施設利用者の人間関係の特徴である。そして、これらの特徴が、施設職員が難しさを感じる点でもある。

福祉サービスのようなヒューマンサービスには「暖かさ」と「冷たさ」という二つの相容れない心理状態が伴う。暖かさとは、ヒューマンサービスが人間関係を前提としているがゆえに必要となる共感性や親切、同情のような心理状態である。また冷たさとは、施設利用者のニーズを冷静に判断して、間違いがないように実行するときの心理状態のことである。暖かさは表11―1にあるバイスティックの7原則に代表されるような人間関係を築くための姿勢と関係し、冷たさは表11―2で示された専門技術が実務として行われる際の心構えと関係している。

「暖かさ」と「冷たさ」は両立が難しい心理状態であるため、このことがヒューマンサービスの従事者にストレスを感じさせてしまう可能性がある。施設職員は施設利用者と人間関係を築く際に、一方で信頼関係を形成するための暖かな交流を望み、他方では社会生活のしづらさを解消するために、冷静な関係を望む。それゆえ、暖かな交流と冷静な関係を同時に果たそうとするときに、施設職員は両方の役割を自分の中でひとつにできず、心も体も疲れ果ててしまうことになりがちである。暖かさと冷たさのように、人間関係において相容れ

表11―1　バイスティックの７原則

原則１	クライエントを個人として捉える（個別化） クライエントを特定の一人の人間として捉え、支援するということ。
原則２	クライエントの感情表現を大切にする（意図的な感情の表出） クライエントが感情（とりわけ否定的感情）を表現したいという欲求をもっていることを認め、またそれを表現するということも認めるということ。
原則３	援助者は自分の感情を自覚して吟味する（統制された情緒的関与） クライエントから発せられた感情を理解すると同時に、その感情を受けた際に生じたこちら（援助者：施設職員）の感情を確認しながらクライエントに反応すること。
原則４	受けとめる（受容） クライエントを現在のありのままで感知し、人間としての尊厳と価値を認めること。
原則５	クライエントを一方的に非難しない（非審判的関与） クライエントの「罪」や「責任」を判断せずに、多面的に評価すること。
原則６	クライエントの自己決定を促して尊重する（クライアントの自己決定） クライエントが自ら選択し決定できるように最大限の支援を行うこと。
原則７	秘密を保持して信頼感を醸成する（秘密保持） クライエントが打ち明ける秘密の情報を確実に保全すること。

注）「F.P. バイスティック、尾崎新・福田俊子・原田和幸訳（2006）。ケースワークの原則［新訳改訂版］―援助関係を形成する技法―　誠信書房」をもとに筆者が加筆した。なお、「クライエント」は本章では「施設利用者」にあたる。

ない矛盾する立場を担うことを**役割葛藤**とよぶ。役割葛藤はヒューマンサービス従事者のストレスの要因になる。人間関係を築くための姿勢と対人援助技術という福祉サービスの特徴には、施設職員が施設利用者に対して担う役割に矛盾を生じさせ、施設職員にストレスを感じさせる性質が含まれていることがわかる。

人間関係を築くための姿勢と対人援助技術は福祉サービスの両輪である。施設職員は施設利用者のニーズに応えるため、両者の特徴を備えた福祉サービスを提供しなければならない。ただし、そのときに、施設職員は施設利用者との人間関係に葛藤を感じ、自分のなかで矛盾を感じる可能性がある。施設職員は人間関係を築くための姿勢と対人援助技術に専念するだけでなく、両方の間に生じる葛藤と矛盾に上手くつきあう方法を身につけておく必要がある。

役割葛藤への対処法の例として、**突きはなした関心**があげられる。突きはなした関心とは、施設利用者に暖かく共感しながら冷静に一定の距離を取るとい

表11-2　施設職員が持つことが多い国家資格の業務内容

資格名称	業務内容 （各々の対人援助技術）	補足	
		関連する法律	関連する福祉施設
社会福祉士	専門的知識および技術をもって、身体上もしくは精神上の障害があることまたは環境上の理由により日常生活を営むのに支障がある者の福祉に関する相談に応じ、助言、指導、福祉サービスを提供する者または医師その他の保健医療サービスを提供する者その他の関係者との連絡および調整その他の援助を行う。	社会福祉士および介護福祉士法	社会福祉協議会や社会福祉施設、地域包括支援センターなど。
介護福祉士	専門的知識および技術をもって、身体上または精神上の障害があることにより日常生活を営むのに支障がある者につき心身の状況に応じた介護（喀痰吸引等も含む）を行い、ならびにその者およびその介護者に対して介護に関する指導を行う。	社会福祉士および介護福祉士法	特別養護老人ホーム、身体障害者施設等の社会福祉施設など。
精神保健福祉士	精神障害者の保健および福祉に関する専門的知識および技術をもって、精神科病院その他の医療施設において精神障害の医療を受け、または精神障害者の社会復帰の促進を図ることを目的とする施設を利用している者の地域相談支援の利用に関する相談その他の社会復帰に関する相談に応じ、助言、指導、日常生活への適応のために必要な訓練その他の援助を行う。	精神保健福祉士法	精神障害者社会復帰施設や、精神保健福祉センターなど。
保育士	専門的知識および技術をもって、児童の保育および児童の保護者に対する保育に関する指導を行う。	児童福祉法	児童養護施設や乳児院、母子生活支援施設、障害児施設など。
公認心理師	保健医療、福祉、教育その他の分野において、心理学に関する専門的知識および技術をもって、次に掲げる行為を行う。 (1) 心理に関する支援を要する者の心理状態の観察、その結果の分析。 (2) 心理に関する支援を要する者に対する、その心理に関する相談および助言、指導その他の援助。 (3) 心理に関する支援を要する者の関係者に対する相談および助言、指導その他の援助。 (4) 心の健康に関する知識の普及を図るための教育および情報の提供。	公認心理師法	障害者支援施設や児童福祉施設、児童相談所など。

う、暖かさと冷たさのバランスの取れた態度のことである。突きはなした関心は、ヒューマンサービス従事者のストレスを低減する効果的な対処法としてしばしば紹介されている。ただし、施設利用者との人間関係において、この態度を保つのはとても困難である。

第3節　施設職員間の人間関係

1．協働の必要性―交替勤務制と事例検討会について―

福祉サービスは施設利用者の社会生活のしづらさを解消するためのものである。福祉サービスへのニーズは、一日24時間のうちにいつでも生じる可能性がある。このニーズに応えるため、施設職員はふだんからお互いの関係を密にして協働する必要がある。例えば、福祉施設は交替勤務制や事例検討会（ケース・カンファレンス、ケース会議、ミーティングとも呼ばれる）といったシステムによって運営されている。そして、これらのシステムでは施設職員は連携して働くこと、すなわち協働が求められる。

(1) 交替勤務制

交替勤務制は24時間切れ目なく業務が続く場合に用いられる勤務体制である。例えば、三交替勤務制では8時間ずつの業務時間で行われる。各業務時間が終了するときは次の業務時間の担当職員に対して申し送りを行い、これまでの業務時間中にあったことを伝える。交替勤務制はこの申し送りによって各勤務時間をつなぎ、24時間の切れ目ない業務を行うのである。交替勤務制は24時間、いつでもニーズが生じうる福祉サービスと相性のよいシステムである。そして、交替勤務制は各業務時間を担当する者の協働が無ければ成立しない。

(2) 事例検討会

福祉施設では事例検討会が定期的に開催される。ある施設利用者について、関わりのあるすべての施設職員が情報を出し合って検討する場がその例である。複数の施設利用者に対して1人の施設職員が対応することが一般的である福祉現場では、各施設職員が知りうる施設利用者の情報は極めて限定されており、そのままでは細切(こまぎ)れになってしまうことが多い。そのため個々の施設利用者の全体像を把握できず、福祉サービスの質が低下してしまう可能性がある。事例検討会は各職員が持つ細切れの情報をまとめて施設利用者のイメージを明らかにし、利用者のニーズにそった福祉サービスを実現するために開かれる。そして、事例検討会は福祉サービスの実現を円滑にする協働の場となる。

2．アサーションによる協働の促進

交替勤務制や事例検討会、そして協働は福祉施設だけで行われるものではない。福祉施設と同じように、ヒューマンサービスを担う医療施設においても一般的なものである。いま、医療場面では、協働を円滑におこなうスキルとして**アサーション**が注目されている。アサーションとは人間関係におけるコミュニケーション技術のことである。具体的には、自分と他者の両方を大切にして気持ちを伝えあうスキルのことをいう。アサーションは、もともと人間関係が困難である人々への心理療法として開発され、のちに人権運動の啓発、教育を目的として発展した。現在では医療施設はもちろんのこと、小学校、中学校といった教育場面や、一般企業などの産業場面において学習、訓練が行われている。

医療施設には医師をはじめ看護師や理学療法士、作業療法士などの様々な医療従事者が存在し、それぞれの医療従事者が自らの専門性を発揮して医療サービスが行われている。通常、医療サービスは交替勤務制や事例検討会による協働によって提供されている。しかし、ときに医療従事者は自らの専門性ゆえに十分な協働ができないことがある。自らの専門性を重視するあまり独断に陥ってしまい、一方的な意見を述べてしまうことがあるのである。そこで、医療従事者間で十分にコミュニケーションをとり、連携しながら働く技術としてアサーションが取りあげられている。福祉施設は医療施設のように多職種からなる従事者が協働するということは少ない。しかし、医療施設において導入されて

いるアサーションは、福祉施設の職員が協働を円滑に行うために有用である。

アサーションを学習、訓練することを**アサーション・トレーニング**という。アサーション・トレーニングでは、まず自己表現の方法に3つのパタンがあると考える。第一に自分のことを大切にしない「非主張的な自己表現（例：「食事介助を手伝ってください。」と言えず、黙っている。)」、第二に他者のことを大切にしない「攻撃的な自己表現（例：ヒマなんでしょ。食事介助を手伝いなさいよ！)」、第三に自分と他者の両方を大切にする「アサーティブな自己表現（例：少し時間ある？　あるなら、食事介助を手伝ってほしいのだけど。)」である。これら3パターンのうち自分がどのパターンに当てはまるかを確認し、もし非主張的または攻撃的な自己表現であるならば、アサーティブな自己表現になるように具体的なスキルを学んでいくのである。

トレーニングでは自分も他者も大切にできるスキルを学習したり、実際の対人場面を想定したロールプレイを体験したりする。また、アサーションが人権運動の啓発などを目的として発展したこともあるため、「私たちは、誰からも尊重され、大切にしてもらう権利がある」といったアサーション権について理解することも求められる。そうすることで自分と他者の権利を認め、自分と他者を大切できるスキルの習得を目指すのである。現在、アサーション・トレーニングは福祉施設でも少しずつ導入されている。協働を円滑にして施設利用者のニーズへ効果的に応えるために、これからアサーションは施設職員にとってますます必要なスキルとなる。

第4節　福祉施設におけるソーシャル・サポートの必要性

施設職員と施設利用者の人間関係において、課題となる役割葛藤の対処法として**ソーシャル・サポート**が注目される。ソーシャル・サポートとは、仕事を手伝ってもらう、仕事上の悩みを聞いてもらうといった他者からの支援のことである。ソーシャル・サポートの重要な効果として、ストレス要因の影響を和らげることがある。

福祉サービス上の役割葛藤がもたらすストレスについては、福祉サービス自体に役割葛藤を生じさせる特徴があるため、その対処を施設職員がひとりで行うには荷が重いことが多い。しかし、ふだんの協働場面に円滑な人間関係があれば、ソーシャル・サポートを実現することができる。施設利用者に対して福祉サービスを与えるときに、施設職員が役割葛藤を感じても、施設職員は他の職員と協働することを通してソーシャル・サポートを受け、ストレスを回避できる。

施設職員と施設利用者の人間関係にとって、施設職員間の人間関係は重要である。円滑な協働とソーシャル・サポートが行われるときに、施設職員間の人間関係は、施設職員と施設利用者の人間関係をしっかりと支え、人間関係を築くための姿勢と対人援助技術が両輪となる福祉サービスが実現される。

索　引

編著者

徳田克己　筑波大学医学医療系　第８章第１～４節、第６節

水野智美　筑波大学医学医療系　第３章第３節、４節、第９章

執筆者

向後礼子　近畿大学教職教育部　第１章

水野雅之　東京家政大学子ども学部　第２章

西館有沙　富山大学人間発達科学部　第３章第１節、２節

野澤純子　東京家政大学子ども学部　第４章

西村実穂　東京未来大学こども心理学部　第５章、第６章第１節

安心院朗子　目白大学保健医療学部　第６章第２節

古谷佳由理　埼玉県立大学保健医療福祉学部　第７章

白澤麻弓　筑波技術大学障害者高等教育研究支援センター　第８章第５節

山下美智代　筑波大学医学医療系　第10章

森本寛訓　川崎医療短期大学一般教養　第11章

ここだけは押さえたい　人間関係学

2018年 4月 1日

編著者　徳田 克己
　　　　水野 智美
発行者　鈴木 康一

発行所　株式会社 文化書房博文社
〒112-0015　東京都文京区目白台 1-9-9
電話 03(3947)2034　振替 00180-9-86955
http://user.net-web.ne.jp/bunka/index.htm

印刷・製本　太平印刷社

乱丁・落丁本はお取り替えします。
ISBN 978-4-8301-1306-2　C1011